ORDONNANCE DU ROI,

Portant règlement pour le payement des Troupes de Sa Majesté, pendant l'hiver.

Du 25 Février 1758.

A PARIS,
DE L'IMPRIMERIE ROYALE.

M. DCCLVIII.

TABLE

Des Articles & Titres contenus en l'ordonnance du Roi, du 25 février 1758, portant règlement pour le payement des Troupes de Sa Majesté, pendant l'hiver.

ORDONNANCE

ORDONNANCE DU ROI,

Portant règlement pour le payement des Troupes de Sa Majeſté, pendant l'hiver.

Du 25 Février 1758.

DE PAR LE ROI.

SA MAJESTÉ s'étant fait repréſenter l'ordonnance qu'Elle a rendue le 20 février 1757, pour le payement de ſes troupes pendant l'hiver; & ayant reconnu que le traitement ci-devant réglé à la pluſpart des Officiers, ſe trouve inſuffiſant, & que dans le temps de guerre les pertes conſidérables que le Capitaine eſſuye particulièrement, forcent encore ſa ſituation, de manière que, nonobſtant les traitemens extraordinaires qui lui ſont réglés pour le quartier d'hiver, tant en uſtenſiles qu'en recrues, étapes aux recrues & remontes, il ſe trouve hors d'état de fournir à ſa compagnie les remplacemens de tout genre qui y ſont néceſſaires; Sa Majeſté ſe feroit déterminée par ces différens motifs à donner aux Officiers de ſes troupes une nouvelle

A

marque de ses bontés en leur accordant une augmentation d'appointemens, & des payes de gratification qui, en bonifiant leur traitement, leur procurent les moyens d'entretenir leurs troupes complètes de tout point & en état de bien servir, au moyen desquelles augmentations le rappel du complet qui avoit été établi depuis quelques années sera supprimé : En conséquence, Sa Majesté a ordonné & ordonne ce qui suit.

ARTICLE PREMIER.

LES troupes qui sont actuellement au service de Sa Majesté, recevront les décomptes du payement de leur solde jusqu'au premier janvier de cette année sur le pied qui se trouve réglé par l'ordonnance du 20 février de l'année dernière 1757, suivant qu'elles auront passé aux revûes qui en auront été faites par les Commissaires des guerres. Et à compter dudit jour premier janvier, terme auquel Sa Majesté a bien voulu que commencent les augmentations de traitement qu'Elle a jugé à propos d'accorder, elles seront payées, savoir :

II.

GARDES-FRANÇOISES. Compagnies de Grenadiers.

CHACUNE des trois compagnies de Grenadiers du régiment des Gardes-françoises, composée d'un Capitaine, deux Lieutenans, deux Sous-lieutenans, deux Enseignes, & cent dix hommes, dont six Sergens, trois Caporaux, neuf Anspessades, quatre-vingt-huit Grenadiers, & quatre Tambours, sera payée sur le pied de trois cens soixante livres huit sols par mois au Capitaine, deux cens vingt-cinq livres seize sols huit deniers à chaque Lieutenant, cent dix livres huit sols quatre deniers à chaque Sous-lieutenant, soixante-treize livres six sols huit deniers à chaque Enseigne, quarante livres un sol huit deniers à chacun des cinq premiers Sergens, trente-huit livres quinze sols au sixième Sergent, vingt-deux livres cinq sols à chaque Caporal, dix-neuf livres quinze sols à chaque Anspessade & Tambour, seize livres quinze sols à chaque Grenadier; pareilles seize livres quinze sols pour la paye du Major, dix livres quinze ſols pour celle du Commiſſaire; & ſeize livres quinze ſols pour chacune des douze payes de gratification que Sa Majeſté accorde au Capitaine, ſa compagnie étant complète de cent dix hommes, huit ſeulement à cent quatre juſqu'à cent neuf, & rien au deſſous dudit nombre de cent quatre hommes.

Payes de gratification.

Chacune des trente compagnies de Fuſiliers, composée d'un Capitaine, un Lieutenant, un premier & ſecond Sous-lieutenant, deux Enſeignes, ſix Sergens, trois Caporaux, neuf Anſpeſſades, quatre Tambours, & cent dix-huit Fuſiliers, y compris les quatorze qui ont été mis d'augmentation dans chacune deſdites trente compagnies, par ordonnance du 28 ſeptembre 1756, pour les mettre de cent vingt-ſix à cent quarante hommes, ſera payée ſur le pied par mois, de deux cens cinquante-cinq livres au Capitaine, cent ſoixante-dix livres ſeize ſols huit deniers au Lieutenant, quatre-vingt-cinq livres huit ſols quatre deniers à chacun des premier & ſecond Sous-lieutenans, cinquante-cinq livres à chaque Enſeigne, trente-cinq livres dix-huit ſols quatre deniers à chacun des quatre premiers Sergens, trente-quatre livres quatre ſols deux deniers à chacun des deux autres, dix-huit livres dix-huit ſols quatre deniers à chaque Caporal, dix-ſept livres cinq ſols à chaque Anſpeſſade & Tambour, quatorze livres quinze ſols à chaque Fuſilier; pareilles quatorze livres quinze ſols pour la paye du Major, dix livres quinze ſols pour celle du Commiſſaire; & pareilles dix livres quinze ſols pour chacune des quatorze payes de gratification que Sa Majeſté accorde au Capitaine, ſa compagnie étant complète de cent quarante hommes, les Officiers non compris, n'en devant recevoir que ſept ſa compagnie étant à cent trente-deux juſqu'à cent trente-neuf hommes incluſivement, & rien au deſſous dudit nombre de cent trente-deux hommes.

Compagnies de Fuſiliers.

Payes de gratification.

Il ſera payé en outre à chacun des Capitaines trente ſols par jour, pour appointer les trente meilleurs Soldats de ſa compagnie.

État-major. A l'égard des Officiers de l'État-major dudit régiment, ils continueront d'être payés de leurs appointemens suivant les états que Sa Majesté en fera expédier.

I I I.

GARDES-SUISSES. CHACUNE des douze compagnies du régiment des Gardes-suisses, composée de deux cens hommes, les Officiers compris, sera payée à raison de vingt livres six sols par mois pour chaque homme, & pour chacune des trente payes de gratification que Sa Majesté accorde au Capitaine, sa compagnie étant de cent soixante-quinze hommes & au dessus, jusqu'au complet de deux cens hommes: Sa Majesté trouve bon aussi de faire payer au Capitaine la somme de cent quarante-deux livres deux sols par mois, pour appointer les Porte-outils, & les plus anciens & apparens Soldats de sa compagnie. Au moyen de quoi ledit Capitaine doit avoir & entretenir un Lieutenant, à raison de cent cinquante livres par mois, un second Lieutenant à cent vingt livres, un Sous-lieutenant à quatre-vingt-dix livres, & deux Enseignes à soixante-quinze livres chacun, deux Sergens à trente-cinq livres chacun, trois autres Sergens à trente livres, & trois autres à vingt-cinq livres, un Chirurgien à trente livres, quatre Trabans, six Tambours, un Fifre, six Caporaux, six Appointés, & cent soixante-deux Soldats: Sa Majesté ayant aussi réglé qu'outre les Officiers ci-dessus, les Capitaines qui auront des régimens, seront tenus d'avoir un Capitaine-lieutenant, pour commander leur compagnie, qu'ils payeront à raison de deux cens livres par mois.

Payes de gratification.

État-major du régiment, & Officiers de la Compagnie Générale. Les Officiers de l'État-major, & ceux de la Compagnie générale dudit régiment des Gardes-suisses, continueront d'être payés suivant les états & ordres que Sa Majesté fera expédier.

I V.

INFANTERIE FRANÇOISE.

INFANTERIE FRANÇOISE. CHAQUE bataillon d'Infanterie françoise, mis par ordonnance

ordonnance du premier août 1755, à dix-ſept compagnies, dont une de Grenadiers de quarante-cinq hommes, & ſeize de Fuſiliers de quarante hommes, faiſant au total ſix cens quatre-vingt-cinq hommes, ſera payé ſur le pied par jour, ſavoir :

Compagnies de Grenadiers.

La compagnie de Grenadiers, à raiſon de ſix livres au Capitaine, y compris trente-neuf ſols ſix deniers de ſupplément.

Quarante ſols au Lieutenant, y compris deux ſols dix deniers de premier ſupplément, & cinq ſols deux deniers de ſecond ſupplément.

Vingt-ſix ſols huit deniers au Sous-lieutenant, y compris ſix ſols huit deniers de ſupplément.

Douze ſols à chacun des deux Sergens, huit ſols ſix deniers à chacun des trois Caporaux, ſept ſols ſix deniers à chacun des trois Anſpeſſades, ſix ſols ſix deniers à chacun des trente-ſix Grenadiers & au Tambour.

Payes de gratification.

Le Capitaine, outre l'appointement ci-deſſus, recevra cinq payes de gratification de ſix ſols ſix deniers chacune, dont deux payes de ſupplément, ſa compagnie étant complète de quarante-cinq hommes, trois à quarante-quatre, une ſeulement à quarante-trois, & rien au deſſous dudit nombre de quarante-trois hommes.

Soldats tirés pour les Grenadiers.

Le Capitaine de Grenadiers, au moyen du traitement ci-deſſus, payera vingt-cinq livres de chaque Soldat qui ſera tiré du régiment pour entrer dans ſa compagnie.

Compagnies de Fuſiliers.

Chacune des ſeize compagnies de Fuſiliers de chaque bataillon, ſera payée ſur le pied par jour, ſavoir:

Aux Capitaines des quatre premières compagnies, à raiſon de cinq livres ſix ſols huit deniers chacun, y compris ſeize ſols huit deniers de premier ſupplément, & quarante ſols de ſecond ſupplément.

Aux Capitaines des quatre compagnies qui ſuivent par leur rang, à raiſon de quatre livres treize ſols quatre deniers à chacun, y compris ſeize ſols huit deniers de premier ſupplément, & vingt-ſix ſols huit deniers de ſecond ſupplément.

Aux Capitaines des huit dernières compagnies, à raiſon de quatre livres à chacun, y compris ſeize ſols huit deniers de premier ſupplément, & treize ſols quatre deniers de ſecond ſupplément.

A chaque Lieutenant des ſeize compagnies de Fuſiliers, trente-trois ſols quatre deniers, y compris deux ſols dix deniers de premier ſupplément, & dix ſols ſix deniers de ſecond ſupplément.

A l'égard des Sergens, Caporaux, Anſpeſſades & Fuſiliers deſdites compagnies de Fuſiliers, ils ſeront payés ſur le pied par jour, de onze ſols à chacun des deux Sergens, ſept ſols ſix deniers à chacun des trois Caporaux, ſix ſols ſix deniers à chacun des trois Anſpeſſades, & cinq ſols ſix deniers à chacun des trente-un Fuſiliers & au Tambour.

Payes de gratification.

Le Capitaine de Fuſiliers, outre l'appointement ci-deſſus, recevra cinq payes de gratification de cinq ſols ſix deniers chacune, dont deux payes de ſupplément, ſa compagnie étant complète de quarante hommes, trois à trente-neuf, une ſeulement à trente-huit hommes, & rien au deſſous dudit nombre de trente-huit hommes.

Soldats ſurnuméraires du régiment du Roi.

Les cinq hommes ſurnuméraires par compagnie, établis dans le régiment d'Infanterie du Roi, par ordonnance du 7 ſeptembre 1741, & que Sa Majeſté, par celles des 20 février 1749 & premier août 1755, a bien voulu continuer d'y entretenir au-delà du complet en chacune des ſoixante-huit compagnies dudit régiment, ſans tirer à conſéquence pour les autres régimens de ſon Infanterie françoiſe, y recevront leur ſolde ſur le pied de ſix ſols ſix deniers par jour à chaque Grenadier, & de cinq ſols ſix deniers à chaque Fuſilier qui ſera préſent aux revûes des Commiſſaires des guerres, juſqu'audit nombre de cinq par compagnie; ſans que cela produiſe aucune augmentation dans les Haute-payes, ni dans les payes de gratification deſdites compagnies.

Capitaines en ſecond.

Les Capitaines en ſecond, qui, par la réforme, rempliſſent des places de Lieutenant dans les compagnies de Fuſiliers en ladite qualité de Capitaines en ſecond, ſeront payés de leurs appointemens, à raiſon de quarante-deux ſols chacun par jour, tant qu'ils ſerviront en ladite qualité; leſquelles places de ſeconds Officiers des compagnies de Fusiliers, ne pourront être remplies, au défaut de Capitaines en second actuellement en chaque régiment, que par des Lieutenans aux appointemens attachés à ce grade, de trente-trois sols quatre deniers par jour.

Enseignes.

Les deux Enseignes entretenus pour porter les deux drapeaux que Sa Majesté a réglé, par son ordonnance du 10 février 1749, qu'il y auroit à l'avenir par bataillon, avec rang de Lieutenant, recevront leurs appointemens sur le pied de vingt-deux sols huit deniers chacun par jour, y compris deux sols dix deniers de premier supplément, & quatre sols dix deniers de second supplément.

Lieutenans en second, sans appointemens, au régiment d'Infanterie du Roi.

Les Lieutenans en second que Sa Majesté, par son ordonnance du 20 février 1749, a bien voulu conserver sans appointemens, sur le pied d'un en chacune des compagnies de Fusiliers de son régiment d'Infanterie où il n'y a point d'Enseigne; & le Sous-lieutenant que Sa Majesté, par son ordonnance du 8 novembre 1750, a aussi établi sans appointemens en chacune des compagnies de Fusiliers dudit régiment, auront seulement le logement dans tous les lieux où se trouvera ledit régiment, & l'étape en route, ainsi qu'elle a été réglée par l'ordonnance du premier avril 1737.

État-major du premier bataillon de chaque régiment.

Les Officiers de l'État-major de chaque premier bataillon ou des régimens d'Infanterie françoise, y compris ceux où il y a Prevôté, seront payés sur le pied par jour, savoir; de cinq livres au Colonel, tant pour lui tenir lieu des appointemens dont il jouissoit comme Capitaine, que de ceux de Colonel; de quatre livres treize sols quatre deniers d'appointemens au Lieutenant-colonel, indépendamment de cinq livres onze sols un denier un tiers, à titre d'augmentation de traitement, auxquels Colonel & Lieutenant-colonel Sa Majesté a jugé convenable, par son ordonnance du 10 février 1749, d'ôter les compagnies qu'ils commandoient ci-devant; cinq livres six sols huit deniers au Major, y compris seize sols huit deniers de premier supplément, & quarante sols de second supplément; trois livres six sols huit deniers à l'Aide-major, y compris deux sols dix deniers de premier supplément, & trente sols six deniers de second supplément; vingt sols au Maréchal-des-logis, & dix ſols à chacun des Aumônier & Chirurgien.

Colonel-lieutenant du régiment du Roi.

Sa Majeſté ayant réglé par ſon ordonnance du 20 février 1749, que la compagnie Colonelle de ſon régiment d'Infanterie ſeroit conſervée, & commandée comme ci-devant par le Colonel-lieutenant, il ne ſera payé en ladite qualité de Colonel que ſur le pied de trente-trois ſols quatre deniers par jour, indépendamment des appointemens qu'il recevra comme Capitaine, à raiſon de quatre livres par jour, les gradations d'augmentation de traitemens, établies pour les compagnies de Fuſiliers, devant avoir lieu pour ledit régiment comme pour les autres de l'Infanterie françoiſe, à commencer du premier Capitaine factionnaire.

Colonel en ſecond du régiment des Gardes de Lorraine.

Sa Majeſté ayant réglé par ſon ordonnance particulière du 12 janvier 1750, que le ſieur Chevalier de Beauveau, Colonel en ſecond du régiment des Gardes de Lorraine, auroit les mêmes appointemens de cinq livres par jour, dont jouiſſent les Colonels en pied, du jour qu'il a ceſſé d'avoir une compagnie par la réforme; il continuera de recevoir leſdits appointemens, tant qu'il ſervira en ladite qualité de Colonel en ſecond.

Prevôté en trente-quatre régimens.

Les Officiers de la Prevôté qui eſt en chacun des régimens de Picardie, Champagne, Navarre, Piémont, Normandie, la Marine, la Tour-du-Pin, Bourbonnois, Auvergne, Belſunce, Talaru, du Roi, Royal, Lyonnois, Dauphin, d'Aquitaine, d'Eu, la Reine, Royal-des-Vaiſſeaux, Orléans, la Couronne, Artois, Royal-Rouſſillon, Condé, Bourbon, Royal-la-Marine, Royal-Comtois, Rohan-Rochefort, Nice, Penthièvre, Chartres, Conti, Enghien & Gardes de Lorraine, ſeront payés ſur le pied par jour, de vingt-ſix ſols huit deniers au Prevôt, treize ſols quatre deniers à ſon Lieutenant, huit ſols quatre deniers au Greffier, & cinq ſols à chacun des cinq Archers & à l'Exécuteur de juſtice.

État-major des ſecond, troiſième & quatrième bataillons.

Le Commandant de chacun des ſecond, troiſième & quatrième bataillons des régimens où il y en a ce nombre, & auquel, par ordonnance du 10 février 1749, on a ôté la compagnie qu'il commandoit, ſera payé ſur le pied de

quatre

quatre livres d'appointemens par jour, indépendamment de deux livres quinze sols six deniers deux tiers, aussi par jour, à titre d'augmentation de traitement; & l'Aide-major de chacun desdits bataillons, même le cinquième qui est dans le premier bataillon du régiment du Roi, recevra trois livres six sols huit deniers par jour, y compris deux sols dix deniers de premier supplément, & trente sols six deniers de second supplément.

Sous-Aides-major dans le régiment du Roi.

Les quatre Sous-aides-major que Sa Majesté a établis dans son régiment d'Infanterie par ordonnance du 20 juillet 1753, continueront de recevoir les seize livres treize sols quatre deniers par mois, réglées par ladite ordonnance, indépendamment de leurs appointemens de Lieutenans.

Appointemens conservés aux anciens Commandans de bataillon.

Les Officiers qui commandoient les bataillons qui ont été réformés par les réductions ordonnées dans l'Infanterie françoise en 1748 & 1749, continueront de jouir, en conséquence de l'article X de l'ordonnance du 10 février 1749, des trente-six sols huit deniers par jour qu'ils avoient en ladite qualité de Commandant de bataillon, jusqu'à ce qu'ils soient remplacés; & ce indépendamment des appointemens de Capitaine de leur compagnie, avec laquelle ils ont passé dans les bataillons qui sont restés sur pied, en conservant les appointemens, le titre & le rang de Commandant de bataillon.

Compagnies de nouvelle levée des seconds bataillons des régimens Royal-Roussillon & de la Sarre.

Les quatre compagnies de nouvelle levée, restées en France, de chacun des seconds bataillons des régimens Royal-Roussillon & la Sarre, passés en Canada, seront payés de leur solde sur le pied du nombre d'hommes dont elles seront composées aux revûes des Commissaires des guerres, & les Capitaines, sur le pied ci-dessus réglé pour les Capitaines des huit dernières compagnies de Fusiliers de chaque bataillon, qui est de quatre livres par jour. Les Lieutenans recevront aussi les mêmes appointemens ci-dessus réglés pour les Lieutenans des compagnies de Fusiliers, qui sont de trente-trois sols quatre deniers par jour.

Officiers réformés à la suite des régimens.

Les Officiers réformés à la suite des régimens d'Infanterie françoise, y seront payés des appointemens par mois qui leur ont été réglés, en passant présens aux revûes.

Régimens qui servent dans les isles de Minorque & de Corse.

Les régimens d'Infanterie françoise & étrangère qui servent dans les isles de Minorque & de Corse, seront payés de leur solde sur le même pied réglé par la présente ordonnance; & à l'égard du traitement extraordinaire que Sa Majesté leur a accordé, ils continueront à en jouir sur le pied des règlemens qui en ont été ordonnés; le payement de laquelle solde & traitemens extraordinaires sera fait par les Trésoriers servant près lesdites troupes dans lesdites isles, & la dépense employée dans leurs comptes.

Les Officiers qui, en conséquence de l'ordonnance du 30 décembre 1757, doivent représenter ceux qui sont prisonniers de guerre, jouiront en conséquence de ladite ordonnance, à commencer du premier janvier de cette année, savoir, les Capitaines exploitant les compagnies des Capitaines prisonniers, des appointemens de quatre livres par jour, quand même ils représenteroient des Capitaines des premières compagnies, auxquels Sa Majesté a réglé des appointemens plus forts.

Lesdits Capitaines représentans, jouiront aussi de tout le traitement attaché à leur grade, ainsi que des émolumens de la compagnie qu'ils exploitent, de l'entretien & des réparations de laquelle ils seront tenus.

Les Lieutenans qui remplaceront ceux qui sont prisonniers, seront payés sur le pied réglé pour les autres Lieutenans.

Et les Aides-majors qui représenteront les Aides-majors prisonniers, recevront les mêmes appointemens des autres Aides-majors de l'Infanterie françoise. A l'égard des Officiers prisonniers, ils seront payés ainsi que Sa Majesté s'en est expliqué par ladite ordonnance, sur des ordres particuliers, & Elle entend qu'ils jouissent, à compter dudit jour premier janvier, des augmentations de traitement réglé par la présente ordonnance, suivant leur grade & le rang qui leur est conservé.

Les Officiers qui auront été nommés pour représenter les Lieutenans-colonels, Commandans de bataillon, Majors & Capitaines de Grenadiers prisonniers, jouiront des appointemens & fourrages attribués à chacun de ces grades, & les Officiers prisonniers qu'ils représenteront, seront payés sur les ordres particuliers de Sa Majesté.

Entend Sa Majesté que les pensions attribuées aux Lieutenans-colonels & premiers Capitaines de vingt régimens de son Infanterie Françoise, ainsi que les gratifications attachées aux charges, continuent d'être payées aux Officiers prisonniers qui en jouissent.

Royal-Lorraine & Royal-Barrois.

Les régimens Royal-Lorraine & Royal-Barrois, formés par ordonnance du 20 mars 1757, & composés chacun d'un bataillon de six cens quatre-vingt-cinq hommes en neuf compagnies, dont une de Grenadiers de quarante-cinq hommes, & huit de Fusiliers de quatre-vingts hommes, seront payés sur le pied par jour, savoir:

Compagnie de Grenadiers.

Chaque compagnie de Grenadiers, de six livres au Capitaine en pied; trois livres au Lieutenant en premier, quarante sols au Lieutenant en second, douze sols à chacun des trois Sergens, huit sols six deniers à chacun des trois Caporaux, sept sols six deniers à chacun des trois Anspessades, & six sols six deniers à chacun des trente-cinq Grenadiers, & au Tambour.

Compagnie de Fusiliers.

Chaque compagnie de Fusiliers sera payée sur le pied par jour de cinq livres au Capitaine en pied, trois livres dix sols au Capitaine en second, cinquante sols au Lieutenant en premier, trente-trois sols quatre deniers au Lieutenant en second ou à l'Enseigne établi dans les deux premières compagnies de Fusiliers de chaque régiment, au lieu d'un Lieutenant en second pour porter les drapeaux, onze sols à chacun des quatre Sergens, sept sols six deniers à chacun des six Caporaux, six sols six deniers à chacun des six Anspessades, & cinq sols six deniers à chacun des soixante-deux Fusiliers & deux Tambours.

État-major, avec Prevôté, des deux régimens. L'État-major de chacun des deux régimens, sera payé sur le pied par jour, savoir, de onze livres au Colonel, neuf livres au Lieutenant-colonel, tant pour leurs appointemens en leurs qualités, que pour leur tenir lieu de ceux de Capitaine, ne devant point avoir de compagnies, six livres au Major, trois livres dix sols à l'Aide-major, vingt sols au Maréchal-des-logis, dix sols à l'Aumônier, pareils dix sols au Chirurgien, vingt-six sols huit deniers au Prevôt, treize sols quatre deniers à son Lieutenant, huit sols quatre deniers au Greffier, & cinq sols à chacun des cinq Archers & à l'Exécuteur.

Au moyen du traitement ci-dessus réglé à ces régimens, qui leur sera continué tant pendant la guerre que pendant la paix, il ne leur sera accordé ni ustensile ni argent de recrue, devant être toûjours complets au moyen des hommes qui leur seront fournis des Milices de Lorraine & de Bar; mais Sa Majesté leur donnera des routes avec étape pour faire joindre les hommes de remplacement.

Comme ces régimens seront toûjours à la paye de garnison, ils auront la faculté en campagne de prendre le pain de munition & la viande, aux retenues ordinaires sur la solde.

Masse. Outre la solde ci-dessus réglée pour les Sergens, Caporaux, Anspessades, Grenadiers, Soldats & Tambours, qui leur sera payée sans aucune retenue, au moyen de quoi ils doivent s'entretenir de linge & de chaussure, il sera donné, à commencer du premier janvier de la présente année, vingt-quatre deniers par jour pour chaque Sergent, y compris quatre deniers de supplément, & douze deniers pour chacun des autres, y compris aussi deux deniers de supplément, même des trois cens quarante Grenadiers & Soldats surnuméraires que Sa Majesté a bien voulu entretenir dans son régiment d'Infanterie, qui formeront une Masse toûjours complète par bataillon, sans avoir égard aux hommes qui pourroient manquer dans les compagnies; laquelle demeurera entre les mains du Trésorier, qui en donnera ses reconnoissances à la fin de l'année, au Major ou ou Officier chargé du détail du régiment ou bataillon, en deux billets, l'un à titre de Grosse Masse, sur le pied de seize deniers par Sergent & huit deniers par Soldat, & l'autre à titre de Petite Masse, à raison de huit deniers par Sergent, & de quatre deniers par Soldat; laquelle Masse sera remise sur la main-levée des Inspecteurs généraux, à ceux qui auront fait les fournitures de l'habillement & équipement desdits régimens ou bataillons.

Masse des quatre nouvelles compagnies des seconds bataillons des régimens de la Sarre & de Royal-Roussillon, restées en France, & des régimens Royal-Lorraine & Royal-Barrois.

Les quatre compagnies nouvelles du second bataillon du régiment de la Sarre, & les quatre compagnies nouvelles du second bataillon de celui de Royal-Roussillon, restées en France, recevront la Masse comme les premiers bataillons de ces deux régimens, auxquels elles sont attachées. Les régimens Royal-Lorraine & Royal-Barrois jouiront aussi de la Masse ci-dessus réglée à commencer dudit jour premier janvier 1758.

V.

Pensions de vingt régimens d'Infanterie françoise.

SA MAJESTÉ ayant résolu de faire payer à l'avenir par les Commis du Trésorier général de l'Extraordinaire des guerres, dans les départemens ou dans les armées, ce qu'Elle accorde annuellement à titre de Pension attachée à l'ancienneté de service, dans chacun des vingt régimens d'Infanterie françoise ci-après dénommés, aux Lieutenans-colonels & premiers Capitaines desdits régimens, son intention est que le payement de ces Pensions continue d'être fait tous les trois mois aux Officiers qui seront pourvûs des grades auxquels elles sont attachées, c'est-à-dire, le quartier des mois de janvier, février & mars, dans le courant d'avril; celui des mois d'avril, mai & juin, dans le courant de juillet; celui des mois de juillet, août & septembre, dans le courant d'octobre; & celui des trois derniers mois, dans le courant du mois de janvier suivant, & sur le pied par an des sommes ci-après spécifiées pour chaque grade, savoir; pour chacun des régimens de Picardie, Champagne, Navarre, Piémont, Normandie & la Marine, à raison de six cens livres par an au Lieutenant-colonel, cinq cens livres au premier Capitaine,

& quatre cens livres à chacun des ſecond, troiſième, quatrième & cinquième Capitaines.

Pour le régiment d'Infanterie de Sa Majeſté, ſix cens livres par an au Lieutenant-colonel, cinq cens livres au premier Capitaine, & quatre cens livres à chacun des ſecond, troiſième, quatrième, cinquième, ſixième & ſeptième Capitaines.

Pour chacun des régimens de la Tour-du-Pin, Bourbonnois, Auvergne, Belſunce, Talaru, Royal, Dauphin, Aquitaine, la Reine, Royal-des-Vaiſſeaux, la Couronne & Royal-Rouſſillon, ſur le pied de ſix cens livres par an au Lieutenant-colonel, cinq cens livres au premier Capitaine, & quatre cens livres à chacun des ſecond & troiſième Capitaines.

Et pour le régiment d'Artois, ſix cens livres par an au Lieutenant-colonel, & cinq cens livres au premier Capitaine.

L'intention de Sa Majeſté eſt que dans le cas où quelqu'un des Officiers qui jouiſſent de ces penſions viendroit à décéder avant l'échéance des trois mois de chaque quartier, il ne ſoit fait aucun décompte de ſadite Penſion, ne devant en jouir qu'autant qu'il aura vécu leſdits trois mois.

Et qu'à l'égard de la Penſion attachée au grade de Lieutenant-colonel, elle ne puiſſe paſſer à ſon ſucceſſeur que de la date de ſa commiſſion de Lieutenant-colonel.

VI.

Corps des Grenadiers de France.

Le Corps des Grenadiers de France, formé par ordonnance du 15 février 1749, & qui, ſuivant celle du 15 ſeptembre 1750, a rang dans l'Infanterie immédiatement après le régiment de Bourbon, ce Corps composé de quatre brigades de douze compagnies de quarante-cinq hommes, faiſant au total deux mille cent ſoixante hommes, ſur le pied de cinq cens quarante hommes par brigade, ſera payé à raiſon par jour, ſavoir:

Compagnies.

Chacune des quarante-huit compagnies, de ſept livres douze ſols ſix deniers au Capitaine, dont cinquante-deux ſols ſix deniers de ſupplément, tant pour ſes appointemens, que pour lui tenir lieu des cinq payes de gratification dont jouissent les Capitaines de Grenadiers des régimens d'Infanterie françoise, leur compagnie étant complète; quarante sols au Lieutenant, y compris deux sols dix deniers de premier supplément, & cinq sols deux deniers de second supplément; vingt-six sols huit deniers au Lieutenant en second, y compris six sols huit deniers de supplément; douze sols à chacun des deux Sergens, huit sols six deniers à chacun des trois Caporaux, sept sols six deniers à chacun des trois Anspessades, & six sols six deniers à chacun des trente-six Grenadiers & au Tambour.

Supplément de solde aux Charpentiers.

Le Sergent, le Caporal, & les onze Grenadiers entretenus en chacune des quatre brigades, sous la dénomination de Charpentiers, recevront, en conséquence de l'ordonnance du 15 août 1750, un supplément de solde par jour, de deux sols au Sergent, un sol six deniers au Caporal, & un sol à chaque Grenadier-Charpentier.

Enseignes.

L'Enseigne qui est en chacune des quatre brigades, sera payé sur le pied de vingt-deux sols huit deniers par jour, y compris deux sols dix deniers de premier supplément, & quatre sols dix deniers de second supplément.

État-major.

L'État-major dudit corps recevra par jour, savoir, l'Inspecteur-commandant, vingt-deux livres quatre sols cinq deniers un tiers; le sieur de Lanjamet, ci-devant Major, & établi Commandant en second dudit corps par ordonnance du 8 juillet 1756, treize livres six sols huit deniers par jour, lequel traitement sera éteint du jour que ledit sieur de Lanjamet ne sera plus employé audit corps; cinq livres six sols huit deniers à chacun des quatre Sergens-majors créés par la même ordonnance du 8 juillet 1756, y compris six sols huit deniers de supplément; trois livres six sols huit deniers à chacun des quatre Aides-majors, y compris deux sols dix deniers de premier supplément; & trente sols six deniers de second supplément; vingt sols à chacun des Aumônier & Chirurgien, & au Tambour & au Fifre, chacun treize sols quatre deniers.

Colonels & Lieutenans-

Les Colonels & Lieutenans-colonels destinés à servir

colonels de service aux Grenadiers de France. audit régiment, continueront de recevoir, savoir, chaque Colonel, dix livres par jour; & chaque Lieutenant-colonel, huit livres six sols huit deniers, aussi par jour, pour le temps qu'ils seront de service audit régiment, seulement.

Masse. A l'égard de la Masse, elle sera payée sur le pied complet, à commencer du premier janvier de la présente année, à raison par jour, de vingt-quatre deniers par Sergent, & douze deniers à chaque Caporal, Anspessade, Grenadier-fusilier & Tambour, du produit de laquelle le Trésorier remettra à la fin de l'année, deux billets, ainsi qu'il est expliqué à l'article de l'Infanterie françoise; & le payement n'en sera fait que sur la main-levée de l'Inspecteur-commandant dudit corps.

CORPS ROYAL de l'ARTILLERIE & du GÉNIE. Les bataillons du Corps royal de l'Artillerie & du Génie, portés par ordonnance du premier décembre 1756, au nombre de six, & de six compagnies de Mineurs, & six compagnies d'Ouvriers; chaque bataillon composé de huit cens hommes en seize compagnies de cinquante hommes chacune, dont deux de Sappeurs, neuf de Canonniers & cinq de Bombardiers, sera payé, savoir:

Compagnie de Sappeurs. Chacune des deux compagnies de Sappeurs, composée d'un Capitaine en pied, un Capitaine en second, un premier Lieutenant, un Lieutenant en second, deux Sous-lieutenans, trois Sergens, trois Caporaux, trois Anspessades, quarante Sappeurs & un Tambour, sur le pied par jour, de sept livres un sol au Capitaine en pied, trois livres au Capitaine en second, cinquante sols au premier Lieutenant, quarante sols au Lieutenant en second, trente sols à chacun des deux Sous-lieutenans, vingt sols six deniers à chaque Sergent, quatorze sols six deniers à chaque Caporal, onze sols six deniers à chaque Anspessade, neuf sols six deniers à chacun de neuf des quarante Sappeurs, sept sols à chacun des trente-un autres, & neuf sols six deniers au Tambour.

Compagnies de Canonniers. Chacune des neuf compagnies de Canonniers, composée d'un Capitaine en pied, un Capitaine en second, un premier Lieutenant, un Lieutenant en second, deux Sous-

Sous-lieutenans, trois Sergens, trois Caporaux, trois Anſpeſſades, quarante Canonniers & un Tambour, ſera payée ſur le pied par jour, de ſept livres un ſol au Capitaine en pied, trois livres au Capitaine en ſecond; cinquante ſols au premier Lieutenant, quarante ſols au Lieutenant en ſecond, trente ſols à chacun des Sous-lieutenans, vingt ſols ſix deniers à chaque Sergent, quatorze ſols ſix deniers à chaque Caporal, onze ſols ſix deniers à chaque Anſpeſſade, neuf ſols ſix deniers à chacun de neuf des quarante Canonniers, ſept ſols à chacun de neuf autres, ſix ſols à chacun des vingt-deux reſtans, & neuf ſols ſix deniers au Tambour.

Compagnies de Bombardiers.

Chacune des cinq compagnies de Bombardiers, compoſée d'un Capitaine en pied, un Capitaine en ſeçond, un premier Lieutenant, un Lieutenant en ſecond, deux Sous-lieutenans, trois Sergens, trois Caporaux, trois Anſpeſſades, quarante Artificiers ou Bombardiers & un Tambour, ſera payée à raiſon par jour, de ſept livres un ſol au Capitaine en pied, trois livres au Capitaine en ſecond, cinquante ſols au premier Lieutenant, quarante ſols au Lieutenant en ſecond, trente ſols à chacun des deux Sous-lieutenans, vingt ſols ſix deniers à chaque Sergent, quatorze ſols ſix deniers à chaque Caporal, onze ſols ſix deniers à chaque Anſpeſſade, quinze ſols à chacun de deux des huit Artificiers-Bombardiers, douze ſols à chacun de trois deſdits Artificiers-Bombardiers, dix ſols à chacun des trois autres; entendant Sa Majeſté que l'augmentation de paye ſoit donnée ſeulement à ceux d'entr'eux qui ſe diſtingueront par leur zèle & capacité dans leur métier, & non à la ſimple ancienneté de ſervice; neuf ſols ſix deniers à chacun de ſix des trente-deux Bombardiers, ſept ſols à chacun de ſix autres, ſix ſols à chacun des vingt reſtans, & neuf ſols ſix deniers au Tambour.

Payes de gratification des compagnies de Sappeurs, Canonniers & Bombardiers.

A l'égard des payes de gratification deſdites compagnies, chaque Capitaine recevra ſept deſdites payes par jour, dont deux de ſupplément, ſavoir, de ſept ſols chacune pour les Sappeurs, & de ſix ſols pour les Canonniers & Bombardiers, ſa compagnie étant complète de cinquante hommes, cinq à quarante-neuf, trois à quarante-ſept & quarante-huit, & rien au deſſous dudit nombre de quarante-ſept hommes.

État-major. L'État-major de chaque bataillon, composé d'un Colonel-commandant, & d'un Lieutenant-colonel, qui n'auront point de compagnie, leſquels jouiront, chacun dans leur grade, des mêmes prérogatives que les Colonels & les Lieutenans-colonels en pied des régimens d'Infanterie, en ſuivant le rang du corps; un Major, un Aide-major, un Sous-aide-major, un Aumônier & un Chirurgien, ſera payé par jour ſur le pied, ſavoir, de ſeize livres treize ſols quatre deniers au Colonel-commandant, onze livres deux ſols deux deniers au Lieutenant-colonel, tant pour leurs appointemens en ladite qualité de Colonel-commandant & de Lieutenant-colonel, que pour leur tenir lieu de ceux de Capitaine; neuf livres trois ſols trois deniers au Major, ſix livres deux ſols deux deniers à l'Aide-major; cinquante ſols au Sous-aide-major, & dix ſols à chacun des Aumônier & Chirurgien.

Compagnies de Mineurs. Les ſix compagnies de Mineurs dudit Corps royal de l'Artillerie & du Génie, y compris celle ordonnée d'augmentation le premier décembre 1756, chacune deſdites compagnies composée d'un Capitaine en premier, un Capitaine en ſecond, un premier Lieutenant, un Lieutenant en ſecond, deux Sous-lieutenans, quatre Sergens, quatre Caporaux, quatre Anſpeſſades, quarante-ſix Mineurs ou Apprentifs, & deux Tambours, ſera payée à raiſon par jour, de ſix livres cinq ſols au Capitaine en premier, trois livres au Capitaine en ſecond, cinquante ſols au premier Lieutenant, quarante ſols au Lieutenant en ſecond, trente ſols à chacun des deux Sous-lieutenans, vingt ſols ſix deniers à chaque Sergent, quatorze ſols ſix deniers à chaque Caporal, onze ſols ſix deniers à chaque Anſpeſſade, dix ſols ſix deniers à chacun des vingt-quatre Mineurs, ſept ſols à chacun des vingt-deux Apprentifs, neuf ſols ſix deniers à chaque Tambour; Et ſept ſols pour chacune des huit payes de gratification, dont deux de ſupplément, que Sa Majeſté accorde au Capitaine, ſa compagnie étant complète de ſoixante hommes, ſix à cinquante-neuf, quatre à cinquante-ſept & cinquante-huit, & rien au deſſous dudit nombre de cinquante-ſept hommes.

Compagnies d'Ouvriers.

Les ſix compagnies d'Ouvriers, y compris celle d'augmentation ordonnée le premier décembre 1756, chacune deſdites compagnies compoſée d'un Capitaine, un premier Lieutenant, un ſecond Lieutenant, un Sous-lieutenant, trois Maîtres-ouvriers, trois Sous-maîtres, vingt-cinq Ouvriers, huit Apprentifs & un Tambour, ſera payée à raiſon par jour, de ſix livres au Capitaine, cinquante ſols au premier Lieutenant, quarante ſols au ſecond Lieutenant, trente ſols au Sous-lieutenant, vingt ſols à chacun des trois Maîtres-ouvriers, dix-huit ſols à chacun des trois Sous-maîtres, quinze ſols à chacun des ſeize Ouvriers, douze ſols à chacun de neuf autres, dix ſols à chacun des huit Apprentifs & au Tambour; Et dix ſols pour chacune des ſix payes de gratification, dont deux de ſupplément, que le Capitaine touchera, ſa compagnie étant complète de quarante hommes, quatre deſdites payes à trente-neuf, deux à trente-huit, & rien au deſſous dudit nombre de trente-huit hommes.

Maſſe des ſix bataillons du Corps royal de l'Artillerie & du Génie, & des compagnies de Mineurs & d'Ouvriers.

Outre la ſolde ci-deſſus réglée, il ſera donné vingt-quatre deniers par jour pour chaque Sergent & chacun des Maîtres-ouvriers dans les compagnies d'Ouvriers, y compris quatre deniers d'augmentation; & douze deniers pour chaque Caporal, Anſpeſſade, Sappeur, Canonnier, Bombardier, Mineur, Sous-maître-ouvrier, Ouvrier, Apprentif & Tambour des ſix bataillons, ſix compagnies de Mineurs, & ſix compagnies d'Ouvriers du Corps royal de l'Artillerie & du Génie, y compris deux deniers d'augmentation, qui formeront une Maſſe toûjours complète, ſans avoir égard aux hommes qui pourroient manquer dans les compagnies, laquelle Maſſe demeurera entre les mains du Tréſorier général du Corps royal de l'Artillerie & du Génie, qui en donnera ſes reconnoiſſances à la fin de l'année au Major ou autre Officier chargé du détail de chaque bataillon & de chacune des compagnies de Mineurs & d'Ouvriers, en deux billets, séparément pour chaque bataillon, & chaque compagnie de Mineurs & d'Ouvriers, l'un à titre de Grosse Masse, sur le pied de seize deniers par Sergent & Maître-ouvrier, & de huit deniers par Caporal, Anspessade, Sappeur, Canonnier, Bombardier, Mineur, Sous-maître-ouvrier, Ouvrier, Apprentif & Tambour; & l'autre, à titre de Petite Masse, à raison de huit deniers par Sergent & Maître-ouvrier, & de quatre deniers pour chacun des autres, le payement de laquelle Masse ne sera fait que sur la main-levée du Directeur général des Écoles d'Artillerie.

VII.

MILICES.

LES cent cinq bataillons de Milices, levés dans les provinces du Royaume, y compris celui de la ville de Paris, & les quatre des duchés de Lorraine & de Bar, seront payés ainsi qu'il est expliqué ci-après.

Compagnies de Grenadiers.

Les régimens de Grenadiers-royaux, formés des compagnies de Grenadiers & de Grenadiers-postiches desdits bataillons de Milice, sur le pied par jour, savoir, de quatre livres au Capitaine, trente-deux sols au premier Lieutenant, vingt sols au second Lieutenant, douze sols à chacun des deux Sergens, huit sols six deniers à chacun des trois Caporaux, sept sols six deniers à chacun des trois Anspessades, six sols six deniers à chacun des quarante-un Grenadiers, & huit sols six deniers au Tambour.

Compagnies de Grenadiers-postiches.

Pour la compagnie de Grenadiers-postiches, à raison par jour de trois livres dix sols au Capitaine, vingt-cinq sols au Lieutenant, onze sols à chacun des trois Sergens, sept sols six deniers à chacun des trois Caporaux, six sols six deniers à chacun des trois Anspessades, cinq sols six deniers à chacun des cinquante Grenadiers-postiches, & sept sols six deniers au Tambour.

Capitaines en second & Lieutenans dans les compagnies de

A l'égard des Capitaines en second ou Lieutenans en premier, & seconds Lieutenans attachés aux compagnies de Grenadiers-postiches du régiment des Grenadiers-royaux de Solar, suivant l'ordonnance du 10 avril 1757, ils seront payés

payés sur les revûes particulières qui seront faites desdits Officiers, & qui seront jointes à celles dudit régiment, sur le pied, savoir, les Capitaines en second ou Lieutenans en premier, à raison de trois livres dix sols par jour, comme les Capitaines de Grenadiers-postiches; & les seconds Lieutenans, à raison de vingt-cinq sols aussi par jour.

Grenadiers-postiches du régiment des Grenadiers-royaux de Solar.

L'État-major de chacun desdits régimens sera payé sur le pied par jour de douze livres au Colonel, dix livres au Lieutenant-colonel, tant pour leurs appointemens en ladite qualité, que pour leur tenir lieu de ceux de Capitaine, n'ayant point de compagnies; six livres au Major, trois livres à chacun des deux Aides-majors.

État-major.

Les deux seconds Lieutenans attachés aux deux premières compagnies de Grenadiers-postiches de chacun desdits régimens pour porter les drapeaux, seront payés à raison de vingt sols par jour à chacun.

Seconds-Lieutenans pour porter les drapeaux.

Les six compagnies de Fusiliers de chacun des cent cinq bataillons de Milices des Provinces, y compris celles du bataillon de Paris, & des quatre bataillons des duchés de Lorraine & de Bar, qui composent présentement les bataillons de Milices destinés à la garde des Places, lesquelles compagnies sont actuellement de soixante-cinq hommes, & ont été portées, à commencer du premier mars prochain, à quatre-vingt-cinq hommes chacune, au moyen d'une augmentation de vingt hommes, réglée par l'ordonnance du premier novembre 1757, continueront d'être payées sur le pied de leur composition actuelle de soixante-cinq hommes, à raison par jour de trois livres au Capitaine, vingt sols au Lieutenant, onze sols à chacun des deux Sergens, sept sols six deniers à chacun des trois Caporaux, six sols six deniers à chacun des trois Anspessades, cinq sols six deniers à chacun des cinquante-six Fusiliers, & sept sols six deniers au Tambour.

Bataillons de Milices pour la garde des Places.

Compagnies de Fusiliers.

Et à commencer du premier mars 1758, jour de leur nouvelle composition à quatre-vingt-cinq hommes, sur le pied par jour de trois livres cinq sols au Capitaine ou Lieutenant en premier commandant la compagnie, vingt ſols au Lieutenant, onze ſols à chacun des deux Sergens, ſept ſols ſix deniers à chacun des trois Caporaux, ſix ſols ſix deniers à chacun des trois Anſpeſſades, cinq ſols ſix deniers à chacun des ſoixante-ſeize Fuſiliers, & ſept ſols ſix deniers au Tambour.

État-major d'un bataillon de Milice.

L'État-major de chacun deſdits bataillons, continuera d'être payé ſur le pied par jour de cinq livres au Commandant, ſoit qu'il ait commiſſion de Lieutenant-colonel ou non, n'ayant point de compagnie, & trois livres à l'Aide-major.

État-major des régimens des Milices de Lorraine.

Le Colonel & le Major qui ſervent au premier des deux bataillons de chacun des régimens de Polignac & de Montureux, des Milices des duchés de Lorraine & de Bar, continueront à recevoir en conſéquence de l'ordonnance particulière du 5 mars 1750, ſavoir, le Colonel ſix livres par jour, & le Major trois livres cinq ſols.

Les Commandans & Aides-majors des ſeconds bataillons deſdits deux régimens, ſeront payés ſur le pied réglé par la préſente ordonnance, pour ceux des mêmes grades des bataillons de Milice.

Les autres Officiers & Soldats deſdits régimens, ſeront également payés de leurs appointemens & ſolde, conformément à ce qui eſt fixé par la préſente ordonnance.

Les Miliciens d'augmentation & de remplacement des ſix compagnies qui forment les bataillons deſtinés à la garde des Places, ſeront payés en conſéquence de l'ordonnance du premier novembre 1757, ſur le pied de cinq ſols par jour, pendant qu'ils reſteront au quartier d'aſſemblée, indépendamment des trois jours qui auront précédé celui auquel ladite aſſemblée aura été indiquée: il leur ſera fait en outre le décompte des ſix deniers par jour pour le linge & la chauſſure, pendant la route qu'ils feront pour aller joindre leurs bataillons.

A l'égard des deux compagnies de Fuſiliers de ſoixante-cinq hommes chacune, détachées deſdits bataillons de Milices, pour former des bataillons deſtinés à ſervir dans la communication des armées, elles ſeront payées ſur le pied par jour, ſavoir, de trois livres au Capitaine ou Lieutenant en premier commandant la compagnie, juſques & compris le dernier du mois de février de la préſente année, & à commencer du premier mars ſuivant, ſur celui de trois livres cinq ſols: le Lieutenant ne devant point avoir d'augmentation, continuera d'être payé ſur le pied de vingt ſols par jour; onze ſols à chacun des deux Sergens, ſept ſols ſix deniers à chacun des trois Caporaux, ſix ſols ſix deniers à chacun des trois Anſpeſſades, cinq ſols ſix deniers à chacun des cinquante-ſix Fuſiliers, & ſept ſols ſix deniers au Tambour.

L'État-major de chacun deſdits vingt-un bataillons, ſera payé ſur le pied par jour de ſept livres au Commandant, ſavoir, cinq livres qui ſont le traitement ordinaire des Commandans des bataillons de Milices, & quarante ſols à titre de ſupplément de traitement; & à un des Lieutenans faiſant les fonctions d'Aide-major, vingt ſols auſſi par jour, indépendamment de ſes appointemens de Lieutenant.

Entend Sa Majeſté, qu'au moyen de la paye ci-deſſus réglée aux Tambours, tant des compagnies de Grenadiers que de celles des Grenadiers-poſtiches & de Fuſiliers, ils ſoient tenus d'entretenir leur caiſſe de peaux & de cordages, & de ſe fournir de baguettes.

Entend auſſi Sa Majeſté, qu'au moyen de cinq ſols par jour d'augmentation de paye qu'Elle accorde aux Capitaines des compagnies de Fuſiliers, à commencer du premier mars de la préſente année, ils ſoient chargés de la conſervation de l'habillement, de l'équipement & des armes des Soldats de leurs compagnies, & qu'ils ſoient reſponſables du dégât qui en feroit fait; Sa Majeſté ayant ordonné aux Commiſſaires des guerres d'en faire tous les deux mois une viſite exacte en préſence des Commandans des bataillons & des Officiers du Corps Royal employés pour l'Artillerie dans les Places où ſeront leſdits bataillons; & que lorſqu'il ſe trouvera des compagnies dont leſdits effets ſeront reconnus en mauvais état, ou qu'il y aura quelques réparations à y faire, le payement des appointemens des Capitaines desdites compagnies, soit suspendu sur les ordres particuliers du Secrétaire d'État ayant le département de la guerre, jusqu'à ce que lesdites réparations aient été faites; à l'effet de quoi les Commissaires des guerres seront tenus de joindre aux extraits de leurs revûes, des états détaillés de la situation des effets desdits bataillons, certifiés d'eux, des Commandans des bataillons & des Officiers du Corps Royal de l'Artillerie, pour l'article qui regarde les armes, ainsi qu'il est expliqué par l'article VII de l'ordonnance du premier novembre 1757.

Ordonne Sa Majesté que pendant tout le temps du service des Milices, il soit retenu sur la solde un sol par jour à chaque Sergent, & six deniers à chaque Caporal, Anspessade, Grenadier, Grenadier-postiche, Fusilier & Tambour, pour faire une Masse qui sera remise entre les mains de l'Aide-major ou autre Officier chargé du détail, pour leur être délivrée & employée par les soins des Commissaires des guerres, à leur fournir de linge & de chaussure.

Sa Majesté étant informée que plusieurs des Capitaines des bataillons de Milices font difficulté de supporter sur leurs appointemens la totalité de la retenue de quatre deniers pour livre de la solde des Sergens & Soldats de leurs compagnies, & ayant décidé de tout temps que les Capitaines de ses troupes doivent être chargés de cette retenue, Elle ordonne qu'elle sera également sur le compte desdits Capitaines de Milice, & en conséquence qu'il ne sera fait aucune déduction pour raison de ladite retenue, sur la solde réglée aux Sergens, Caporaux, Anspessades, Grenadiers, Fusiliers & Tambours de ses Milices.

TROUPES BOULONNOISES.

LES régimens des troupes Boulonnoises, composés chacun de treize compagnies, seront payés pendant le temps qu'ils serviront dans les Places, sur le pied, savoir:

Compagnies de Grenadiers.

La compagnie de Grenadiers de chaque régiment, composée de quarante-cinq hommes, à raison par jour, de de quatre livres ſix deniers au Capitaine, trente-quatre ſols dix deniers au Lieutenant, douze ſols à chacun des deux Sergens, huit ſols ſix deniers à chacun des trois Caporaux, ſept ſols ſix deniers à chacun des trois Anſpeſſades, ſix ſols ſix deniers à chacun des trente-ſix Grenadiers & au Tambour, & ſix ſols ſix deniers pour chacune des trois payes de gratification que le Capitaine doit recevoir, ſa compagnie étant de quarante-cinq & quarante-quatre hommes; deux deſdites payes, la compagnie étant à quarante-un, quarante-deux & quarante-trois; une ſeulement lorſqu'elle ne ſera qu'à quarante, & rien au deſſous dudit nombre de quarante hommes.

Payes de gratification.

Chacune des douze compagnies de Fuſiliers de chaque régiment, compoſée de quarante hommes, ſera payée à raiſon par jour, de trois livres ſix ſols huit deniers au Capitaine, vingt-deux ſols dix deniers au Lieutenant, onze ſols à chacun des deux Sergens, ſept ſols ſix deniers à chacun des trois Caporaux, ſix ſols ſix deniers à chacun des trois Anſpeſſades, & cinq ſols ſix deniers à chacun des trente-un Fuſiliers & au Tambour; le Capitaine, outre l'appointement ci-deſſus, recevra trois payes de gratification de cinq ſols ſix deniers chacune, lorſque ſa compagnie ſe trouvera compoſée de quarante & trente-neuf hommes, deux deſdites payes lorſqu'elle ſera à trente-ſix, trente-ſept & trente-huit hommes, une ſeulement à trente-cinq, & rien au deſſous dudit nombre de trente-cinq hommes.

Compagnies de Fuſiliers.

Payes de gratification.

L'Enſeigne qui eſt en chacune des compagnies Colonelle & Lieutenante-colonelle, ſera payé ſur le pied de dix-ſept ſols dix deniers par jour.

Enſeignes.

Les Officiers de l'État-major de chacun deſdits régimens, ſeront payés ſur le pied par jour, ſavoir, au Colonel une livre treize ſols quatre deniers, indépendamment de ſes appointemens de Capitaine; au Lieutenant-colonel quarante-cinq ſols, auſſi outre ce qu'il reçoit comme Capitaine; trois livres ſix ſols huit deniers au Major, trente-ſix ſols deux deniers à l'Aide-major, vingt ſols au

État-major de chaque régiment.

Maréchal-des-logis, & dix sols à chacun des Aumônier & Chirurgien.

Masse. Outre la solde ci-dessus réglée pour les Sergens, Caporaux, Anspessades, Grenadiers, Fusiliers & Tambour, qui leur sera payée sans aucune retenue, au moyen de quoi ils doivent s'entretenir de linge & de chaussure; il sera donné vingt-quatre deniers par jour pour chaque Sergent, & douze deniers pour chacun des autres, qui formeront une Masse toûjours complète pour chaque régiment, sans avoir égard aux hommes qui pourroient manquer dans les compagnies; laquelle Masse demeurera entre les mains du Trésorier, qui en donnera ses reconnoissances à la fin de l'année, au Major ou autre Officier chargé du détail du régiment, en deux billets, ainsi qu'il est expliqué à l'article de l'Infanterie françoise, pour être ladite Masse employée à l'habillement & équipement desdits régimens, & remise, sur la main-levée de l'Inspecteur desdites troupes Boulonnoises, à ceux qui auront fait lesdites fournitures.

MILICES du ROUSSILLON. LES cinquante-cinq compagnies de Milices ordinaires du Roussillon, de Conflent & de Cerdagne, levées par ordonnance du premier mai 1756, pour servir à la garde des Places de ladite province, dont vingt compagnies à cinquante hommes chacune, qui composent les deux bataillons du régiment de Perpignan, à raison de dix compagnies par bataillon, & trente-quatre compagnies de quarante hommes, formant trois bataillons, lesquelles compagnies sont distribuées dans plusieurs Places de ladite province, & une compagnie de cinquante hommes tenant garnison au château de Salces, seront payées de leurs appointemens & solde, ainsi qu'il suit, savoir:

Compagnies à cinquante hommes. Chacune des vingt compagnies de cinquante hommes qui composent les deux bataillons du régiment de Perpignan, & celle, aussi de cinquante hommes, affectée à la garde du château de Salces, composée d'un Capitaine, un Lieutenant, deux Sergens, trois Caporaux, trois Anspessades, quarante-un Fusiliers & un Tambour, sera payée à raison par jour, de cinquante sols au Capitaine, vingt ſols au Lieutenant, dix ſols à chaque Sergent, ſept ſols ſix deniers à chaque Caporal, ſix ſols ſix deniers à chaque Anſpeſſade, cinq ſols ſix deniers à chaque Fuſilier, & ſept ſols au Tambour.

Compagnies à quarante hommes.

Chacune des trente-quatre autres compagnies de quarante hommes, formant trois bataillons, compoſée d'un Capitaine, un Lieutenant, deux Sergens, trois Caporaux, trois Anſpeſſades, trente-un Fuſiliers & un Tambour, ſera payée à raiſon par jour, de cinquante ſols au Capitaine, vingt ſols au Lieutenant, dix ſols à chaque Sergent, ſept ſols ſix deniers à chaque Caporal, ſix ſols ſix deniers à chaque Anſpeſſade, cinq ſols ſix deniers à chacun des Fuſiliers, & ſept ſols au Tambour.

Au moyen de la ſolde ci-deſſus réglée pour les Sergens, Caporaux, Anſpeſſades, Fuſiliers & Tambours deſdites compagnies, ils s'entretiendront d'habillement, de linge & de chauſſure.

État-major du régiment de Milice de Perpignan.

L'État-major du régiment de Perpignan ſera payé ſur le pied par jour, de quarante ſols au Colonel, vingt ſols au Lieutenant-colonel, outre ce qu'ils reçoivent comme Capitaines; vingt ſols au Commandant du ſecond bataillon, auſſi indépendamment de ſon traitement de Capitaine; cinquante ſols au Major, & trente ſols à l'Aide-major dudit régiment.

Commandans de bataillon, & Aides-majors.

Il ſera payé à chacun des Commandant, & Aide-major de chacune deſdites troupes qui compoſent les trois bataillons, dont les compagnies ſont à quarante hommes, & diſtribuées dans pluſieurs Places de ladite province du Rouſſillon; ſavoir, à chaque Commandant vingt ſols par jour, outre ce qu'il reçoit en qualité de Capitaine, & trente ſols à chaque Aide-major.

MILICES BÉARNOISES, GRAMONTOISES, & des pays de NAVARRE, de LABOUR & de SOULE.

CHAQUE bataillon de Milices du Béarn, compoſé de cinq cens vingt-cinq hommes, en treize compagnies, dont une de Grenadiers de quarante-cinq hommes, & douze de Fuſiliers de quarante hommes chacune; & les compagnies de Milices Gramontoiſes, de la baſſe Navarre, & des pays de Labour & de Soule, de cinquante hommes chacune, levées par ordonnance du 13 avril 1756, recevront leurs appointemens & solde pendant le temps de leur service dans les Places, sur le pied, savoir:

Milices Béarnoises.

Compagnies de Grenadiers à quarante-cinq hommes.

Pour chaque bataillon de Milices Béarnoises, la compagnie de Grenadiers de quarante-cinq hommes, composée d'un Capitaine, un Lieutenant, deux Sergens, trois Caporaux, trois Anspessades, trente-six Grenadiers & un Tambour, sera payée à raison par jour, de trois livres dix sols au Capitaine, vingt-cinq sols au Lieutenant, onze sols à chaque Sergent, sept sols six deniers à chaque Caporal, six sols six deniers à chaque Anspessade, & cinq sols six deniers à chaque Grenadier & au Tambour.

Compagnies à quarante hommes.

Chacune des douze compagnies de Fusiliers dudit bataillon, à raison par jour, de cinquante sols au Capitaine, vingt sols au Lieutenant, dix sols à chacun des deux Sergens, sept sols six deniers à chacun des trois Caporaux, six sols six deniers à chacun des trois Anspessades, & cinq sols six deniers à chacun des trente-un Fusiliers & au Tambour.

État-major de chaque bataillon.

Les Officiers de l'État-major de chacun desdits bataillons, seront payés à raison par jour, de trente sols au Lieutenant-colonel, indépendamment de ses appointemens de Capitaine; & de quarante-cinq sols à l'Aide-major.

Milices Gramontoises & des pays de Navarre, de Labour & de Soule.

Compagnies à cinquante hommes.

Chacune des compagnies de Milices Gramontoises, des pays de basse Navarre, de Labour & de Soule, de cinquante hommes, composée d'un Capitaine, un Lieutenant, deux Sergens, trois Caporaux, trois Anspessades, quarante-un Fusiliers & un Tambour, sera payée à raison par jour, de cinquante sols au Capitaine, vingt sols au Lieutenant, dix sols à chaque Sergent, sept sols six deniers à chaque Caporal, six sols six deniers à chaque Anspessade, & cinq sols six deniers à chaque Fusilier & au Tambour.

États-majors des troupes formées des compagnies de cinquante hommes.

A l'égard des Lieutenans-colonels, Aides-majors & Garçons-majors, attachés aux différentes troupes qui sont composées de plusieurs de ces compagnies de cinquante hommes,

hommes, ils seront payés de leurs appointemens à raison par jour, savoir, de trente sols au Lieutenant-colonel des compagnies de Milices Gramontoises, outre ce qu'il reçoit comme Capitaine, & quarante-cinq sols à l'Aide-major desdites compagnies Gramontoises; trente sols à chaque Lieutenant-colonel des troupes composées desdites compagnies de Milices des pays de Navarre, de Labour & de Soule, outre ce qu'il reçoit comme Capitaine, & vingt-cinq sols à chaque Garçon-major.

COMPAGNIE de MONTBOISSIER aux Isles Sainte-Marguerite.

LA compagnie de Montboissier, qui est dans les Isles Sainte-Marguerite & Saint-Honorat, composée d'un Capitaine, de deux Lieutenans, deux Sergens, un Caporal, un Anspessade, trente Soldats & un Tambour, sera payée sur le pied par jour, de quatorze livres trois sols quatre deniers au Capitaine, y compris onze livres cinq sols d'augmentation; trois livres trois sols quatre deniers à chacun des deux Lieutenans, y compris trente-trois sols quatre deniers d'augmentation; douze sols à chacun des deux Sergens, huit sols au Caporal, sept sols à l'Anspessade, six sols à chacun des trente Soldats & au Tambour; & le Chapelain qui est avec ladite compagnie, recevra seize sols huit deniers par jour.

VIII.

INVALIDES. Compagnies détachées.

LES compagnies détachées de l'Hôtel royal des Invalides, de soixante hommes chacune, seront payées, à la réserve de celles dont il sera parlé ci-après, sur le pied par jour, de cinquante sols au Capitaine, vingt sols à chacun des cinq Lieutenans, dix sols à chacun des trois Sergens, sept sols à chacun des trois Caporaux, six sols à chacun des trois Anspessades, & cinq sols à chacun des cinquante Soldats & au Tambour; s'il se trouve des surnuméraires dans lesdites compagnies, les Commissaires des guerres les comprendront dans leurs revûes, & ils continueront d'être payés comme il a été réglé par l'ordonnance du 22 juin 1737, de cinq sols de solde par jour. Ordonne Sa Majesté que cette règle soit pareillement observée pour les Soldats surnuméraires qui se trouveront dans les compagnies détachées de bas-Officiers ci-après, de cent quarante hommes chacune, & que lesdits Soldats surnuméraires reçoivent leur solde sur le pied de sept sols chacun par jour.

Compagnies de bas-Officiers.

Les compagnies de bas-Officiers Invalides, détachées dudit Hôtel royal, de Toucheronde, du Miny, Châtillon, Dumont, Cherier, Passy, Saint-Roman, Goirand, Bruchet, d'Apremont & de l'Arzillier, de cent quarante hommes chacune, seront payées sur le pied par jour, de cinquante sols au Capitaine en premier, pareils cinquante sols au Capitaine en second, vingt sols à chacun des cinq Lieutenans, douze sols à chacun des six Sergens, neuf sols à chacun des six Caporaux, huit sols à chacun des six Anspessades, & sept sols à chacun des cent vingt Fusiliers & deux Tambours.

Compagnie de bas-Officiers servant à la garde du château de la Bastille.

La compagnie de bas-Officiers Invalides, de quatre-vingt-deux hommes, formée par ordonnance du 30 décembre 1749, pour servir à la garde du château de la Bastille, sera payée sur le pied par jour, de trois livres dix sols au Capitaine en premier, y compris vingt sols de supplément; trois livres au Capitaine en second, y compris dix sols de supplément; cinquante sols au Lieutenant chargé du détail, y compris trente sols de supplément, quarante sols à chacun des deux autres Lieutenans, y compris vingt sols de supplément, quinze sols à chacun des quatre Sergens, y compris trois sols de supplément; douze sols à chacun des quatre Caporaux, y compris trois sols de supplément; onze sols à chacun des quatre Anspessades, y compris trois sols de supplément; & dix sols à chacun des soixante-huit Fusiliers & deux Tambours, y compris aussi trois sols par jour de supplément.

Compagnie de bas-Officiers Invalides servant à la garde des Tuileries & du Louvre.

La compagnie de bas-Officiers Invalides, de cent six hommes, formée par ordonnance du 23 octobre 1750, pour servir à la garde du palais des Tuileries & du château du Louvre, sera payée sur le pied par jour, de cinquante sols au Capitaine en premier, pareils cinquante sols au Capitaine en second, vingt sols au Lieutenant chargé du détail,

& à chacun des quatre autres Lieutenans, douze ſols à chacun des ſix Sergens, neuf ſols à chacun des ſix Caporaux, huit ſols à chacun des ſix Anſpeſſades, & ſept ſols à chacun des quatre-vingt-cinq Fuſiliers & trois Tambours.

Compagnie de bas-Officiers Invalides ſervant à la garde de l'École militaire.

La compagnie de bas-Officiers Invalides, de ſoixante-huit hommes, formée par ordonnances des 3 juillet 1753 & 30 décembre 1757, pour ſervir à la garde de l'École militaire, ſera payée ſur le fonds de l'Extraordinaire des guerres, à raiſon par jour, de cinquante ſols au Capitaine en pied, pareils cinquante ſols au Capitaine en ſecond, faiſant les fonctions de Lieutenant; douze ſols à chacun des trois Sergens, neuf ſols à chacun des trois Caporaux, huit ſols à chacun des trois Anſpeſſades, & ſept ſols à chacun des cinquante-ſept Fuſiliers & deux Tambours; outre leſquels appointemens & ſolde, il ſera payé aux Officiers, Hautes-payes, Fuſiliers & Tambours, un ſupplément ſur le pied par jour, de vingt ſols au Capitaine en premier, dix ſols au Capitaine en ſecond, & de trois ſols auſſi par jour à chaque Sergent, Caporal, Anſpeſſade, Fuſilier & Tambour; lequel ſupplément d'appointemens & de ſolde ci-deſſus, ſera payé des fonds deſtinés à l'entretien de ladite École militaire.

Compagnie de bas-Officiers Invalides ſervant à la garde du château de Vincennes.

La compagnie de bas-Officiers Invalides, de ſoixante hommes, formée par ordonnance du 5 décembre 1754, pour ſervir à la garde du château de Vincennes, ſera payée ſur le pied par jour, de trois livres dix ſols au Capitaine, y compris vingt ſols de ſupplément; cinquante ſols au Lieutenant chargé du détail, y compris trente ſols de ſupplément; quarante ſols à chacun des deux autres Lieutenans, y compris vingt ſols de ſupplément; quinze ſols à chacun des trois Sergens, y compris trois ſols de ſupplément; douze ſols à chacun des trois Caporaux, y compris trois ſols de ſupplément; onze ſols à chacun des trois Anſpeſſades, y compris trois ſols de ſupplément, & dix ſols à chacun des cinquante Fuſiliers & au Tambour, y compris auſſi trois ſols de ſupplément.

Compagnies détachées

Les quatre compagnies détachées de l'Hôtel royal des

de l'Hôtel royal des Invalides, pour le service de l'Artillerie dans les Places.

Invalides, de soixante hommes chacune, formées par ordonnance du premier mars 1756, pour être employées dans les Places, aux différentes manœuvres de l'Artillerie, & dans lesquelles compagnies Sa Majesté a en même temps ordonné de faire entrer tous les bas-Officiers & Soldats, qui, ayant servi dans les bataillons du Corps royal de l'Artillerie & du Génie, ont obtenu leur retraite à l'Hôtel des Invalides, ainsi que ceux dudit Corps qui servoient dans les compagnies détachées dudit Hôtel, seront payées à raison par jour pour chaque compagnie, de cinquante sols au Capitaine en premier, pareils cinquante sols au Capitaine en second, vingt sols à chacun des deux Lieutenans, dix sols six deniers à chacun des quatre Sergens, sept sols six deniers à chacun des quatre Caporaux, six sols six deniers à chacun des quatre Anspessades, & cinq sols six deniers à chacun des quarante-sept Fusiliers & au Tambour.

Entend Sa Majesté que les bas-Officiers provenant dudit Corps royal de l'Artillerie & du Génie, qui servoient en ladite qualité dans les compagnies de bas-Officiers dudit Hôtel des Invalides, & qui en ont été tirés pour entrer dans les quatre compagnies ci-dessus établies par ladite ordonnance du 5 mars 1756, y jouissent de la même paye qu'ils avoient dans lesdites compagnies de bas-Officiers, & en outre, de six deniers d'augmentation par jour, jusqu'à ce qu'ils aient monté dans lesdites quatre compagnies, à des grades qui leur produisent une paye plus forte que celle qu'ils avoient dans lesdites compagnies de bas-Officiers détachées dudit Hôtel des Invalides, ladite continuation d'ancienne paye & l'augmentation de six deniers par jour, ne devant avoir lieu que pour ceux desdits bas-Officiers qui occupent dans lesdites quatre compagnies nouvelles, des places dont la paye est inférieure à celle qu'ils avoient dans lesdites compagnies détachées de bas-Officiers. Ceux qui, ayant servi dans ledit Corps royal de l'Artillerie & du Génie, seront admis par la suite à l'Hôtel des Invalides en qualité de de bas-Officiers, seront également payés suivant ce grade & de la manière ci-dessus expliquée en passant dans lesdites quatre compagnies. Ordonne Sa Majesté aux Commissaires des guerres, qui auront la police de ces quatre compagnies nouvelles, de faire mention sur leurs revûes, de ceux desdits bas-Officiers qui doivent jouir de la même paye qu'ils avoient dans les compagnies détachées de bas-Officiers, & des six deniers d'augmentation par jour, en y spécifiant le grade & la paye qu'ils y avoient, ainsi que les places qu'ils occupent dans lesdites quatre compagnies; en observant pareillement de marquer sur leurs revûes, les bas-Officiers dudit Corps royal de l'Artillerie & du Génie, qui n'auront point servi dans les compagnies détachées de bas-Officiers, & qui viendront directement de l'Hôtel des Invalides pour entrer dans lesdites quatre compagnies, afin que les Trésoriers de l'Extraordinaire des guerres puissent payer lesdites compagnies sur le pied ordonné ci-dessus.

I X.

TROUPES LÉGÉRES.

RÉGIMENS des VOLONTAIRES de FLANDRE, & du HAINAULT. Composition.

LES régimens des Volontaires de Flandre, & celui des Volontaires du Haynault, portés par ordonnance particulière de ce jour 25 février 1758, à six cens hommes chacun, en huit compagnies de soixante-quinze hommes, dont quarante d'Infanterie & trente-cinq de Cavalerie, au moyen de deux nouvelles compagnies de soixante-quinze hommes chacune, & d'une augmentation de cinq hommes montés par chacune des six anciennes compagnies, seront payés sur le pied par jour; savoir, chacune desdites compagnies de soixante-quinze hommes, à raison de six livres au Capitaine en pied ou titulaire, dont vingt sols de supplément.

Compagnie de soixante - quinze hommes, dont quarante à pied

Pour la partie de l'Infanterie, cinquante - six sols huit deniers au Capitaine en second de Fusiliers, dont six sols huit deniers de supplément; quarante sols au Lieutenant,

& trente-cinq à cheval.

Infanterie.

dont six sols huit deniers de supplément; onze sols à chacun des deux Sergens, sept sols six deniers à chacun des trois Caporaux, six sols six deniers à chacun des trois Anspessades, & cinq sols six deniers à chacun des trente-un Fusiliers & au Tambour.

Cavalerie.

Et pour la partie de la Cavalerie, trois livres six sols huit deniers au Capitaine en second, dont six sols huit deniers de supplément; deux livres dix sols au Lieutenant, quarante sols au Cornette rétabli en chacune des compagnies à cheval, vingt-six sols huit deniers au Maréchal-des-logis, huit sols à chacun des deux Brigadiers, & sept sols à chacun des trente-deux Cavaliers & au Trompette ou Timbalier.

Payes de gratification.

Le Capitaine titulaire recevra en outre pour sa compagnie d'Infanterie, cinq payes de gratification de cinq sols six deniers chacune, dont deux d'augmentation sa compagnie étant complète de quarante hommes, trois à trente-neuf, une à trente-huit, & rien au dessous dudit nombre de trente-huit hommes.

État-major de chacun des régimens des Volontaires de Flandre & du Haynault.

L'État-major de chacun desdits régimens, sera payé sur le pied, par jour; savoir, de seize livres treize sols quatre deniers au Colonel, dix livres au Lieutenant-colonel, lesquels ne doivent point avoir de compagnie; six livres au Major, trois livres six sols huit deniers à l'Aide-major d'Infanterie, quatre livres à l'Aide-major de Cavalerie, trente sols à l'Aumônier, & vingt sols au Chirurgien.

Enseigne en chaque régiment pour porter le Drapeau.

Il sera entretenu en chacun desdits régimens un Enseigne pour porter le drapeau, lequel sera payé, à commencer du premier mars prochain, sur le pied, par jour, de trente sols; l'Étendard sera porté par un des Cornettes.

Entend Sa Majesté que les Officiers des deux compagnies d'augmentation en chacun de ces régimens, ainsi que l'Aide-major de Cavalerie, l'Enseigne & les Cornettes qui sont établis dans lesdits régimens, ne reçoivent les appointemens & payes de gratification qui leur sont réglés par la présente ordonnance, qu'à compter dudit jour premier mars prochain, ainſi qu'il eſt porté par l'ordonnance particulière de ce jour, rendue pour l'augmentation deſdits régimens, & que les hommes deſdites compagnies d'augmentation ne ſoient payés également, ainſi que les cinq hommes montés d'augmentation dans les ſix anciennes, que du même jour premier mars, ſuivant qu'elles paſſeront aux revûes des Commiſſaires des guerres.

Corps des Volontaires Royaux. Compoſition.

LE Corps des Volontaires-royaux, porté par ordonnance particulière du 25 février 1758, à douze cens hommes en quinze compagnies, dont deux de Grenadiers de quarante-cinq hommes chacune, douze compagnies de quatre-vingt-dix hommes chacune, dont cinquante d'Infanterie, & quarante Dragons montés, & une compagnie d'Ouvriers de trente hommes, ſera payé, ſavoir :

Compagnies de Grenadiers.

Chacune des deux compagnies de Grenadiers, ſur le pied par jour, de cinq livres au Capitaine, dont vingt ſols de ſupplément; cinquante ſols au Lieutenant, quarante ſols au Lieutenant en ſecond, douze ſols à chacun des deux Sergens, huit ſols ſix deniers à chacun des trois Caporaux, ſept ſols ſix deniers à chacun des trois Anſpeſſades, ſix ſols ſix deniers à chacun des trente-ſix Grenadiers, & au Tambour; & pareils ſix ſols ſix deniers pour chacune des cinq payes de gratification, dont deux de ſupplément que le Capitaine recevra par jour, ſa compagnie étant complète de quarante-cinq hommes, trois à quarante-quatre, une ſeulement à quarante-trois, & rien au deſſous dudit nombre de quarante-trois hommes.

Payes de gratification.

Compagnies de quatre-vingt-dix hommes, dont cinquante d'Infanterie & quarante Dragons montés.

Infanterie.

Chacune des douze compagnies de quatre-vingt-dix hommes, compoſée de Fuſiliers & de Dragons, ſera payée à raiſon, par jour, de ſix livres au Capitaine titulaire; & pour la partie de l'Infanterie, de cinquante-ſix ſols huit deniers au Capitaine en ſecond, dont ſix ſols huit deniers de ſupplément; quarante ſols au Lieutenant, dont cinq ſols de ſupplément; trente ſols au Lieutenant en ſecond, onze ſols à chacun des deux Sergens, ſept ſols ſix deniers à chacun des trois Caporaux, ſix ſols ſix deniers à chacun des trois Anſpeſſades, & cinq ſols ſix deniers à chacun des quarante-un Fuſiliers, & au Tambour. Le Capitaine titulaire recevra, outre ſes appointemens, ſix payes de gratification de cinq ſols ſix deniers chacune pour ſa compagnie d'Infanterie, dont trois de ſupplément étant complète de cinquante hommes; trois à quarante-neuf, une à quarante-huit, & rien au deſſous dudit nombre de quarante-huit hommes.

Payes de gratification.

Dragons.

Il ſera payé au Capitaine en ſecond de Dragons, trois livres ſix ſols huit deniers par jour, dont ſix ſols huit deniers de ſupplément; cinquante ſols au Lieutenant, dont dix ſols de ſupplément; quarante ſols au Cornette, vingt-ſix ſols huit deniers au Maréchal-des-logis, huit ſols à chacun des deux Brigadiers, & ſept ſols à chacun des trente-ſept Dragons & au Tambour.

Compagnie de trente Ouvriers.

La compagnie de trente Ouvriers dudit Corps, ſera payée à raiſon, par jour, de trois livres ſix ſols huit deniers au Capitaine, dont ſix ſols huit deniers de ſupplément; trente-trois ſols quatre deniers au Lieutenant, dont treize ſols quatre deniers de ſupplément; douze ſols au Sergent, huit ſols à chacun des dix-neuf Charpentiers ou Forgerons, & ſept ſols à chacun des neuf Apprentifs & au Tambour. Le Capitaine recevra de plus quatre payes de gratification de ſept ſols chacune, dont deux de ſupplément, ſa compagnie étant complète de trente hommes, deux payes à vingt-neuf, une ſeulement à vingt-huit, & rien au deſſous dudit nombre de vingt-huit hommes.

Payes de gratification.

État-major.

L'État-major dudit Corps des Volontaires-royaux, ſera payé ſur le pied, par jour, de ſeize livres treize ſols quatre deniers au Colonel commandant, tant pour ſes appointemens en ladite qualité, que pour lui tenir lieu de ceux de Capitaine, ne devant point avoir de compagnie; ſix livres au Major, trois livres ſix ſols huit deniers à l'Aide-major d'Infanterie, dont ſix ſols huit deniers de ſupplément; quatre livres à l'Aide-major de Dragons, trente ſols à chacun des Aumônier & Chirurgien, & vingt ſols au Prevôt.

Le

Le ſieur de Limoges, qui ſert à la tête de ce Corps, continuera de jouir des trente-trois ſols quatre deniers de ſupplément d'appointemens que Sa Majeſté lui a réglé par jour, indépendamment de ceux qu'il reçoit en ſa qualité de Capitaine en pied; lequel ſupplément d'appointemens lui étant perſonnel, n'aura point lieu pour ceux qui lui ſuccéderont audit emploi.

Supplément d'appointemens au ſieur de Limoges.

Entend Sa Majeſté que les appointemens des Officiers mis d'augmentation dans ce Corps, en conſéquence de ſon ordonnance particulière de ce jour 25 février, n'aient lieu qu'à commencer du premier mars prochain, & que les payes de gratification de ſupplément, ainſi que la ſolde des Soldats, Dragons & Ouvriers, mis pareillement d'augmentation dans les compagnies, n'ait lieu auſſi que dudit jour premier mars, ſuivant qu'ils paſſeront aux revûes des Commiſſaires des guerres.

RÉGIMENT des VOLONTAIRES du DAUPHINÉ.

Compoſition.

LE Régiment des Volontaires du Dauphiné, porté par ordonnance du premier février 1758, à quatre cens vingt hommes, en ſix compagnies de ſoixante-dix hommes chacune, dont quarante d'Infanterie, & trente Dragons montés, ſera payé, ſavoir:

Compagnies de ſoixante-dix hommes, dont quarante d'Infanterie, & trente Dragons montés.

Chacune deſdites compagnies de ſoixante-dix hommes, à raiſon par jour, de ſix livres au Capitaine en pied ou titulaire, dont vingt ſols de ſupplément.

Infanterie.

Pour la partie de l'Infanterie, cinquante-ſix ſols huit deniers au Capitaine en ſecond de Fuſiliers, dont ſix ſols huit deniers de ſupplément; quarante ſols au Lieutenant, dont ſix ſols huit deniers de ſupplément; onze ſols à chacun des deux Sergens, ſept ſols ſix deniers à chacun des trois Caporaux, ſix ſols ſix deniers à chacun des trois Anſpeſſades, & cinq ſols ſix deniers à chacun des trente-un Fuſiliers & au Tambour.

Dragons.

Et pour la partie des Dragons, trois livres ſix ſols huit deniers au Capitaine en ſecond, dont ſix ſols huit deniers de ſupplément; cinquante ſols au Lieutenant, vingt-ſix ſols huit deniers au Maréchal-des-logis, ſept ſols ſix deniers à chacun des deux Brigadiers, & ſix fols fix deniers à chacun des vingt-fept Dragons & au Tambour.

Payes de gratification. Le Capitaine titulaire recevra en outre pour fa compagnie d'Infanterie, cinq payes de gratification, de cinq fols fix deniers chacune, dont deux d'augmentation, fa compagnie étant complète de quarante hommes, trois à trente-neuf, une à trente-huit, & rien au deffous dudit nombre de trente-huit hommes.

Supplément d'appointemens aux fieurs Beringuier & Lancize. Les fieurs Beringuier & Lancize qui ont rang de Lieutenant-colonel, & qui commandent chacun en qualité de Capitaine une des compagnies dudit régiment, continueront de recevoir, outre leurs appointemens de Capitaine, chacun trente-trois fols quatre deniers par jour, lequel traitement leur étant perfonnel, n'aura point lieu pour ceux qui leur fuccéderont; voulant au furplus Sa Majefté que lefdits fieurs Beringuier & Lancize faffent le fervice de Capitaine audit régiment.

État-major. L'État-major de ce régiment fera payé fur le pied par jour; favoir, de feize livres treize fols quatre deniers au Colonel, dix livres au Lieutenant-colonel, lefquels ne doivent point avoir de compagnie, fix livres au Major, trois livres fix fols huit deniers à l'Aide-major, trente fols à l'Aumônier, & vingt fols au Chirurgien.

Enfeigne & Cornette pour porter les Drapeaux & Étendard. Il fera entretenu dans ledit régiment un Enfeigne pour porter le Drapeau, & un Cornette pour porter l'Étendard, lefquels feront payés, à commencer du premier mars prochain, fur le pied par jour de trente fols à l'Enfeigne, & de quarante-cinq fols au Cornette.

Entend Sa Majefté que les appointemens des Officiers mis d'augmentation, ainfi que les payes de gratification de fupplément, & la folde réglée aux Soldats & Dragons, dont ledit corps a été augmenté par ordonnance du premier du préfent mois de février, ne commencent à avoir lieu que dudit jour premier mars prochain.

RÉGIMENT ROYAL-CANTABRES. Le régiment Royal-Cantabres, rétabli par ordonnance du 8 juillet 1757, compofé d'un bataillon de fix cens quatre hommes, en huit compagnies de foixante-quinze hommes chacune, & de quatre Tambourins, fera payé fur le pied, par jour, favoir;

Compagnies de foixante-quinze hommes.

Chaque compagnie de foixante-quinze hommes, à raifon de cinq livres au Capitaine en pied, dont trente-trois fols quatre deniers de fupplément; cinquante-fix fols huit deniers au Capitaine en fecond, dont feize fols huit deniers de fupplément; quarante fols au Lieutenant, dont cinq fols de fupplément; trente-trois fols quatre deniers au Lieutenant en fecond, dont trois fols quatre deniers de fupplément; onze fols à chacun des trois Sergens, dix fols au Fourrier, neuf fols au Capitaine d'armes, fept fols fix deniers à chacun des fix Caporaux, fix fols fix deniers à chacun des fix Anfpeffades & des fix Grenadiers, & cinq fols fix deniers à chacun des cinquante Fufiliers & deux Tambours.

Payes de gratification.

Le Capitaine, outre fes appointemens, recevra neuf payes de gratification de cinq fols fix deniers chacune, dont une paye de fupplément, fa compagnie étant complète de foixante-quinze hommes, fept à foixante-treize, cinq à foixante-dix, & rien au deffous dudit nombre de foixante-dix hommes.

État-major.

L'État-major de ce régiment fera payé fur le pied par jour, de dix livres au Colonel-lieutenant, cinq livres au Lieutenant-colonel, indépendamment de leurs appointemens de Capitaine; fix livres au Major, trois livres fix fols huit deniers à l'Aide-major, y compris fix fols huit deniers de fupplément; trente fols à l'Aumônier, vingt fols au Chirurgien, & douze fols à chacun des quatre Tambourins.

Corps des Chasseurs de Fischer. Compofition.

Le Corps des Chaffeurs de Fifcher, compofé de douze cens hommes, en conféquence de l'ordonnance du 8 juillet 1757, en feize compagnies, dont huit d'Infanterie de foixante-quinze hommes chacune, & huit de Cavalerie de même nombre, fera payé fur le pied par jour, favoir;

Compagnies d'Infanterie de foixante-quinze hommes.

Chacune des compagnies d'Infanterie de foixante-quinze hommes, à raifon de cinquante-fix fols huit deniers au Capitaine en fecond, dont fix fols huit deniers de supplément; quarante sols au premier Lieutenant, dont cinq sols de supplément; trente-trois sols quatre deniers au second Lieutenant, dont trois sols quatre deniers de supplément; vingt sols à chacun des quatre Sergens, seize sols à chacun des six Caporaux, quatorze sols à chacun des six Anspessades & des six Grenadiers, & dix sols à chacun des cinquante-trois Chasseurs.

Compagnies de Cavalerie de soixante-quinze hommes.

Chacune des compagnies de Cavalerie, de soixante-quinze hommes, à raison de quatre livres au premier Capitaine en second, dont treize sols quatre deniers de supplément; cinquante-six sols huit deniers au second Capitaine en second, dont six sols huit deniers de supplément; cinquante sols au premier Lieutenant, dont cinq sols de supplément; quarante sols au second Lieutenant, vingt-six sols huit deniers à chacun des deux Maréchaux-des-logis, seize sols à chacun des six Brigadiers, & dix sols à chacun des soixante-neuf Chasseurs.

État-major.

L'État-major dudit Corps sera payé sur le pied par jour, savoir; de quinze livres au sieur Fischer, tant en sa qualité de Commandant, que de Capitaine en premier des compagnies à pied & à cheval; dix livres au Lieutenant-colonel, six livres au Major, trois livres six sols huit deniers à chacun des deux Aide-majors, trente sols à l'Aumônier, vingt sols au Chirurgien, & pareils vingt sols au Prevôt.

Surnuméraires.

Les Surnuméraires que Sa Majesté a autorisé le sieur Fischer d'admettre dans ledit Corps, par son ordonnance particulière du 15 août 1757, continueront d'être payés de leur solde sur le pied de dix sols chacun par jour, suivant les revûes des Commissaires des guerres, en observant de ne point excéder le nombre de huit cens hommes fixé par ladite ordonnance, sans aucune haute-paye ni autre dépense pour Sa Majesté, tant qu'Elle jugera à propos de laisser subsister lesdits Surnuméraires au-delà des douze cens hommes à quoi Elle a fixé ledit Corps par son ordonnance du 8 juillet 1757.

Entend Sa Majesté qu'au moyen du traitement ci-dessus,

deſſus, le ſieur Fiſcher ſera chargé de l'habillement, armement, équipement & entretien deſdits Chaſſeurs, tant à pied qu'à cheval.

RÉGIMENT des VOLONTAIRES D'ALSACE ci-devant BÉYERLÉ. Compoſition.

LE régiment des Volontaires d'Alſace, composé de quatre cens vingt hommes, en conſéquence de l'ordonnance du premier février de la préſente année, en ſix compagnies de ſoixante-dix hommes chacune, dont quarante d'Infanterie & trente Dragons, ſera payé ſur le pied, ſavoir;

Compagnies de ſoixante-dix hommes, dont quarante d'Infanterie & trente Dragons. Infanterie. Payes de gratification.

Chaque compagnie, à raiſon de ſix livres par jour au Capitaine en pied ou titulaire, dont vingt ſols de ſupplément pour la partie de l'Infanterie; de trois livres au Capitaine en ſecond, quarante ſols au Lieutenant: Et le Capitaine titulaire recevra pour la ſolde de quarante hommes à pied, treize livres par mois; & pareilles treize livres, auſſi par mois, pour chacune des cinq payes de gratification, dont une de ſupplément, ſa compagnie étant complète de quarante hommes, trois à trente-neuf, deux à trente-huit, & rien au deſſous dudit nombre de trente-huit hommes.

Dragons.

Il ſera payé au Capitaine en ſecond de Dragons, trois livres dix ſols par jour, cinquante ſols au Lieutenant, vingt-ſix ſols huit deniers au Maréchal-des-logis, neuf ſols à chacun des deux Brigadiers, & ſept ſols à chacun des vingt-ſept Dragons & au Tambour ou Trompette.

État-major.

L'État-major de ce régiment, ſera payé ſur le pied par jour, ſavoir; de ſeize livres treize ſols quatre deniers au Colonel, de dix livres au Lieutenant-colonel, tant pour leurs appointemens en ladite qualité, que pour leur tenir lieu de ceux de Capitaine; ſix livres au Major, trois livres dix ſols à l'Aide-major, trente ſols à l'Aumônier, & vingt ſols au Chirurgien.

Enſeigne & Cornette pour porter le Drapeau & l'Étendard.

Il ſera de plus entretenu un Enſeigne & un Cornette audit régiment, pour porter le drapeau & l'étendard, & il ſera payé trente ſols par jour d'appointemens à l'Enſeigne, & quarante ſols au Cornette, à commencer du premier mars prochain; voulant Sa Majeſté que les appointemens des Officiers qui se trouvent d'augmentation dans ce Corps, suivant la nouvelle composition qui lui a été donnée par ordonnance du premier du présent mois de février, n'aient lieu qu'à commencer dudit jour premier mars prochain, ainsi que les payes de gratification de supplément, & la solde des Soldats & Dragons mis d'augmentation dans ledit Corps.

FUSILIERS de MONTAGNE.

LE Corps des Fusiliers de Montagne, composé de cent vingt hommes, en trois compagnies de quarante hommes chacune, sera payé, savoir;

Compagnies.

Chaque compagnie sur le pied par jour, de quatre livres au Capitaine en premier, dont vingt sols de supplément; trois livres au Capitaine en second, dont dix sols de supplément; trente-trois sols quatre deniers au Lieutenant, y compris trois sols quatre deniers de supplément; quinze sols à chacun des trois Brigadiers, onze sols à chacun des trois Sous-brigadiers, & neuf sols à chacun des trente-trois Fusiliers & au Tambour.

Il sera retenu pour l'habillement, armement & équipement desdites trois compagnies, quatre sols par jour sur la solde de chaque Brigadier, trois sols sur celle de chaque Sous-brigadier, & deux sols sur celle de chaque Fusilier & Tambour: Mais comme cette retenue ne peut avoir lieu sur la solde que pour le nombre d'hommes dont les compagnies se trouveront composées aux revûes des Commissaires des guerres, ce qui opéreroit un vuide au Capitaine dans les fonds destinés aux réparations de sa troupe; & Sa Majesté voulant y suppléer, Elle veut bien prendre sur son compte les deux sols affectés à l'habillement, équipement & armement de chacun des Fusiliers qui manqueront aux revûes, afin que cela compose une somme toûjours égale, sans avoir égard aux hommes qui pourroient manquer dans les compagnies, pour composer à la fin de l'année une Masse complète sur le pied ci-dessus, laquelle demeurera entre les mains du Trésorier général de l'Extraordinaire des guerres, pour être payée sur la main-levée d'un Inspecteur d'Infanterie; au moyen de quoi, chaque Capitaine ſera chargé de l'entretien général de ſa troupe.

L'État-major dudit Corps de Fuſiliers de Montagne, ſera payé à raiſon par jour, de ſix livres treize ſols quatre deniers au Commandant, dont trente-trois ſols quatre deniers de ſupplément, tant pour ſes appointemens en ladite qualité, que pour lui tenir lieu de ceux de Capitaine, ne devant être attaché à aucune compagnie; & trois livres ſix ſols huit deniers à l'Aide-major, y compris ſeize ſols huit deniers de ſupplément. *État-major.*

LA compagnie de Fuſiliers-guides, créée par ordonnance du 26 décembre 1756, compoſée de vingt-cinq hommes, dont treize à pied, & douze à cheval, ſera payée à raiſon par jour, de quatre livres au Capitaine, vingt-ſept ſols huit deniers au Lieutenant, vingt ſols au Lieutenant en ſecond, treize ſols à chacun des deux Sergens, dont un à cheval; dix ſols ſix deniers à chacun des deux Caporaux, dont un à cheval; huit ſols ſix deniers à l'Anſpeſſade, & ſix ſols ſix deniers à chacun des vingt Fuſiliers-guides, dont dix à cheval. *COMPAGNIE de FUSILIERS-GUIDES.* Le Capitaine recevra de plus deux payes de gratification de ſix ſols ſix deniers chacune, la compagnie étant complète de vingt-cinq hommes. *Payes de gratification.*

Outre la ſolde ci-deſſus réglée pour les régimens des Volontaires de Flandre & du Hainault, le corps des Volontaires-royaux, les régimens des Volontaires du Dauphiné & de Royal-Cantabres, les troupes à cheval du régiment des Volontaires d'Alſace, & la compagnie de Fuſiliers-guides, il ſera payé vingt-quatre deniers par jour pour chaque Sergent, dont quatre deniers d'augmentation, & douze deniers, dont deux d'augmentation, pour chaque Caporal, Anſpeſſade, Grenadier, Fuſilier, Ouvrier, Brigadier, Sous-brigadier, Volontaire, Cavalier, Dragon, Fuſilier-guide à pied ou à cheval, Trompette, Timbalier & Tambour, pour former une Maſſe toûjours complète par année, laquelle reſtera entre les mains du Tréſorier général de l'Extraordinaire des guerres, pour être délivrée & employée, comme il eſt réglé à l'article de la *MASSE des Troupes légères.*

Masse de l'Infanterie françoise; Sa Majesté voulant que ladite Masse ait lieu au complet, ainsi qu'elle est fixée ci-dessus, à commencer du premier janvier de cette année pour tous lesdits corps, suivant leur nouvelle composition.

Gratifications attachées aux charges.

Sa Majesté ayant bien voulu accorder, à commencer du premier janvier de cette année, des gratifications attachées aux charges, aux Lieutenans-colonels, Majors & Aides-majors de plusieurs desdits régimens de Troupes légères, ils en seront payés suivant les ordres particuliers qu'Elle en fera expédier chaque année.

X.

INFANTERIE SUISSE ET GRISONNE.

Suisses & Grisons. Appointemens & Solde.

Les cent vingt compagnies des dix régimens Suisses & Grisons, non compris celui d'Eptingen, dont il sera parlé ci-après, formant par ordonnance du premier avril 1756, vingt bataillons, chaque bataillon de six compagnies, à cent vingt hommes, les Officiers compris, seront payées sur le pied de seize livres par mois pour chaque homme & pour chacune des quarante payes de gratification, y compris cinq payes de premier supplément accordées par l'ordonnance du 6 décembre 1749; & huit payes de second supplément, lesquelles quarante payes de gratification seront données au Capitaine de chaque compagnie, à tel nombre d'hommes qu'elle passe aux revûes des Commissaires des guerres.

Payes de gratification.

Au moyen du traitement ci-dessus, chaque Capitaine doit avoir & entretenir dans sa compagnie, un Capitaine-lieutenant à cent vingt livres par mois, y compris vingt livres de supplément; un Lieutenant à quatre-vingt-dix livres, y compris quinze livres de supplément; un Sous-lieutenant à soixante livres, y compris dix livres de supplément; un Enseigne à cinquante livres, y compris trois livres de supplément; deux Sergens à vingt-cinq livres chacun, un autre Sergent & un Fourrier à vingt livres chacun, un Porte-enseigne & un Capitaine d'armes à dix-huit dix-huit livres chacun, un Prevôt à quinze livres, quatre Caporaux, quatre Anspessades & cent Fusiliers, y compris les Tambours & Fifre: Voulant au surplus Sa Majesté, que dans les compagnies dont les Capitaines ne servent point au Corps, le Capitaine-commandant reçoive cent trente livres par mois.

A l'égard des compagnies qui sont composées de deux demi-compagnies, Sa Majesté trouve bon que les Capitaines dont les compagnies seront ainsi couplées, y servent alternativement pendant un an, & que celui des deux qui pourra s'absenter, soit payé comme présent.

Sa Majesté veut bien aussi que les Capitaines commandant les compagnies dont les Capitaines servent à d'autres emplois, s'absentent alternativement; mais Elle ordonne que pendant l'année de leur absence, ils ne reçoivent que cinquante livres par mois, au lieu de cent trente livres qu'ils ont pendant l'année de leur service.

État-major.

L'État-major de chacun desdits régimens Suisses & Grisons, sera payé sur le pied de mille livres par mois dans le lieu où la compagnie Colonelle se trouvera.

RÉGIMENT SUISSE D'EPTINGEN, de nouvelle levée. Appointemens & Solde.

LE régiment Suisse d'Eptingen, créé par ordonnance de ce jour 25 février 1758, & composé comme les autres régimens Suisses, de douze compagnies de cent vingt hommes chacune, les Officiers compris, recevra à commencer du premier mars prochain, la solde sur le pied de seize livres par mois pour chaque homme, suivant les revûes qui en seront faites par les Commissaires des guerres.

Payes de gratification.

Chaque Capitaine recevra en outre vingt-cinq payes de gratification de seize livres chacune, du jour qu'il y aura vingt hommes à sa compagnie jusqu'au nombre de quatre-vingt-dix, & dès qu'il y aura le nombre de quatre-vingt-dix hommes à une compagnie, le Capitaine touchera quarante payes de gratification; bien entendu que sa compagnie sera à cent vingt hommes effectifs au terme fixé pour le complet dudit régiment.

Au moyen du traitement ci-dessus, le Capitaine sera

chargé du payement des appointemens des Officiers ; ainſi que de la ſolde réglée pour les Sergens, Hautes-payes & Soldats, & de l'entretien de ſa compagnie, ainſi qu'il eſt expliqué ci-deſſus pour les compagnies des dix autres régimens Suiſſes.

État-major.

L'État-major de ce régiment, ſera payé à raiſon de mille livres par mois, à compter dudit jour premier mars prochain, dans le lieu où la compagnie Colonelle ſe trouvera.

Retenue pour l'abſence des Officiers Suiſſes & Griſons.

S'il arrive qu'un Officier des compagnies des régimens Suiſſes & Griſons, s'abſente ſans congé, ou qu'il outrepaſſe celui qui lui aura été accordé, il ſera retenu ſur la ſolde de ladite compagnie, indépendamment de la paye perſonnelle de l'Officier, huit payes par mois pour l'abſence du Capitaine titulaire, Capitaine-commandant & Capitaine-lieutenant; ſix payes pour celle du Lieutenant, quatre pour celle du Sous-lieutenant, & trois pour celle de l'Enſeigne, pendant le temps que l'abſence de l'Officier aura duré.

Anciens Commandans des troiſièmes bataillons.

Sa Majeſté ayant jugé à propos, pour le bien de ſon ſervice, de mettre par ſon ordonnance du premier avril 1756, les dix anciens régimens Suiſſes & Griſons à deux bataillons de ſix compagnies, au lieu de trois bataillons de quatre compagnies, dont ils étoient chacun compoſés, ſon intention eſt que les Officiers qui commandoient les troiſièmes bataillons deſdits régimens Suiſſes & Griſons, conſervent les prérogatives qui étoient attachées à leur emploi, tant qu'ils ne ſe trouveront pas pourvûs d'un grade ſupérieur.

Paye de guerre aux régimens Suiſſes & Griſons qui ſervent dans les armées.

A l'égard des régimens Suiſſes & Griſons qui ſervent dans les armées, auxquels Sa Majeſté a bien voulu accorder la paye de guerre, en conſéquence des ordonnances particulières qu'Elle a fait expédier à ce ſujet, pour les en faire jouir juſqu'au dernier décembre 1757, ſon intention eſt que cette paye leur ſoit continuée, à commencer du premier janvier de la préſente année, juſqu'à ce qu'Elle en ordonne autrement, ſur le pied de dix-ſept livres huit ſols par homme, par mois, pour les cent vingt hommes dont chaque compagnie eſt compoſée, y compris les Officiers, & des quarante payes de gratification attribuées au Capitaine, à tel nombre que ſa compagnie paſſe aux revûes des Commiſſaires des guerres, au lieu de ſeize livres qu'ils ont en temps de paix, en entretenant les mêmes Officiers par compagnie, aux appointemens ci-deſſus expliqués; & l'État-major de chacun deſdits régimens, qui ſont à la ſolde de guerre, ſera payé à raiſon de dix-neuf cens ſoixante livres huit ſols par mois, au lieu de mille livres qu'il reçoit ſur le pied de paix.

Gratifications attachées aux charges.

Les gratifications attachées aux charges, que Sa Majeſté a bien voulu accorder en augmentation de traitement au Lieutenant-colonel commandant de bataillon, Capitaine commandant les compagnies au lieu & place des Titulaires, & aux Aides-majors de chacun des régimens Suiſſes & Griſons, ſeront payées à commencer du premier janvier de la préſente année, ſuivant les ordres particuliers que Sa Majeſté en fera expédier tous les ans.

X I.

INFANTERIE ÉTRANGÉRE.

Douze Régimens Allemands, Régiment de Bouillon & ceux de Vierzet & d'Horion.

Les régimens d'Infanterie Allemande, ſavoir; celui d'Alſace, compoſé de trois bataillons; ceux de Bentheim, la Marck, Royal-Suédois, Royal-Bavière & Lowendal, de deux bataillons; ceux de Bergh, de Naſſau-Wzingue, Prince Louis de Naſſau, la Dauphine, Saint-Germain, & Royal-Pologne, d'un bataillon; le régiment de Bouillon, de deux bataillons, créé ſur le pied étranger; & ceux de Vierzet & d'Horion, d'Infanterie Liégeoiſe, auſſi de deux bataillons: chaque bataillon de tous ces régimens, compoſés de huit compagnies de quatre-vingt-cinq hommes, les Officiers non compris, ſeront payés ſur le pied de treize livres par mois pour chaque homme, & pour les payes de gratification qui leur ſont réglées.

Compagnies. Chacune des huit compagnies de chaque bataillon desdits régimens, commandée par un Capitaine, un Capitaine en second, un premier Lieutenant, un second Lieutenant, & un Lieutenant en second qui, dans les deux premières compagnies de chaque bataillon tiendra lieu d'Enseigne pour porter les drapeaux, sera payée par mois, savoir;

A chacun des Capitaines des deux premières compagnies des bataillons colonels, autres que celles des Colonels & Lieutenans-colonels, sur le pied de cent cinquante livres par mois, y compris soixante livres d'augmentation.

A chacun des deux Capitaines des deux compagnies qui suivent par leur rang, la somme de cent quarante livres, y compris cinquante livres d'augmentation.

Et à chacun des Capitaines des quatre autres compagnies, y compris celles des Colonels & Lieutenans-Colonels, à raison de cent trente livres par mois, dont quarante livres d'augmentation.

A l'égard des seconds bataillons des régimens qui en ont deux, & du troisième du régiment d'Alsace, chacun des Capitaines des deux premières compagnies, y compris le Commandant de bataillon, recevront cent cinquante livres d'appointemens par mois, dont soixante livres d'augmentation.

Chacun des deux Capitaines des deux compagnies qui suivent par leur rang, la somme de cent quarante livres, y compris cinquante livres d'augmentation.

Et chacun des Capitaines en pied des quatre autres compagnies, recevront cent trente livres par mois, dont quarante livres d'augmentation.

Quant aux autres Officiers desdites compagnies, ils seront payés sur le pied par mois, savoir; de cent vingt livres au Capitaine en second, y compris trente livres de supplément; de soixante-quinze livres au premier Lieutenant, y compris quinze livres de supplément; de soixante livres au second Lieutenant, y compris neuf livres

livres de supplément; & de cinquante livres au Lieutenant en second, y compris deux livres de supplément.

Entend Sa Majesté qu'au moyen des treize livres par mois que le Capitaine recevra pour chacun des quatre-vingt-cinq hommes dont sa compagnie est composée, il entretiendra & payera un premier Sergent à treize sols par jour, deux autres à douze sols chacun, un Fourrier & un Capitaine d'armes à neuf sols chacun, un Fourrier-schutz à huit sols, trois Caporaux, un Charpentier de profession, & deux Tambours à sept sols, six Anspessades & six Grenadiers à six sols chacun, & soixante-un Fusiliers à cinq sols six deniers chacun.

Payes de gratification.

Veut Sa Majesté que les Capitaines des régimens ci-dessus dénommés, reçoivent chacun, indépendamment de leurs appointemens, treize payes de gratification de treize livres chacune par mois, dont deux de supplément, leur compagnie étant complète de quatre-vingt-cinq hommes aux revûes qui en seront faites par les Commissaires des guerres; neuf à quatre-vingt-trois, sept à quatre-vingt-un, cinq à quatre-vingt, & rien au dessous dudit nombre de quatre-vingts hommes.

État-major des six premiers régimens Allemands.

L'État-major de chacun des régimens Allemands d'Alsace, Bentheim, la Marck, Royal-Suédois, Royal-Bavière & Lowendal, sera payé sur le pied par mois, de mille livres au Colonel, cent soixante livres au Lieutenant-colonel, indépendamment de leurs appointemens de Capitaine; trois cens livres au Major, cent livres à l'Interprète, cent vingt livres à l'Aide-major, dont trente livres de supplément, lequel ne pourra y avoir d'autre charge; quarante-cinq livres à l'Aumônier, cinquante livres à chacun des Chirurgiens & Auditeur, quarante livres au Prevôt, vingt livres à chacun des Greffier & Tambour-major, & dix-huit livres à chacun des deux Archers & à l'Exécuteur de justice, soixante livres à chacun des Commandans des second & troisième bataillons, outre ce qu'il reçoit comme Capitaine, & cent vingt livres à chaque Aide-major desdits bataillons, dont trente livres de supplément.

État-major des six derniers régimens Allemands, & des régimens de Boüillon, Vierzet & Horion.

L'État-major de chacun des régimens de Bergh, de Nassau-Wzingue, du Prince Louis de Nassau-Saarbruck, la Dauphine, Saint-Germain, Royal-Pologne, du régiment de Boüillon, & de ceux de Vierzet & d'Horion, sera payé sur le pied par mois, de cinq cens soixante livres au Colonel (à l'exception de celui du régiment de Boüillon, qui ne recevra que trois cens soixante livres) tant pour lui, indépendamment de son traitement de Capitaine, que pour l'entretien de l'Aumônier, du Chirurgien, de l'Auditeur, du Prevôt, du Greffier, du Tambour-major, des deux Archers & de l'Exécuteur de justice; de deux cens livres au Colonel en second du régiment de Boüillon, qui n'aura point de compagnie; de cent cinquante livres, aussi par mois, au Lieutenant-colonel de chacun desdits régimens, outre son traitement de Capitaine; deux cens cinquante livres au Major, dont cinquante livres de supplément; & cent vingt livres à l'Aide-major, dont trente livres de supplément; de cent livres à chaque Interprète desdits neuf régimens, dont le payement pour ceux des six premiers, ne doit commencer à avoir lieu qu'à compter du premier janvier de cette année: A l'égard des Commandans des seconds bataillons des régimens de Boüillon, de Vierzet & d'Horion, ainsi que des Aides-majors, ils recevront, savoir; le Commandant de bataillon soixante livres, & l'Aide-major cent vingt livres, y compris trente livres de supplément.

Paye de guerre aux régimens Allemands qui servent dans les armées.

L'intention de Sa Majesté est que les régimens d'Infanterie allemande qui servent dans ses armées, auxquels Elle a bien voulu accorder la paye de guerre, en conséquence des ordonnances particulières qu'Elle a fait expédier à ce sujet, pour les en faire jouir jusqu'au dernier décembre 1757, continuent à recevoir cette paye de guerre, à commencer du premier janvier de la présente année, jusqu'à ce que Sa Majesté en ordonne autrement, ſur le pied de quatorze livres dix ſols par homme par mois, pour les quatre-vingt-cinq hommes dont chaque compagnie eſt compoſée, & des treize payes de gratification attribuées au Capitaine, au lieu de treize livres qu'ils reçoivent par mois, ſur le pied de paix: A l'égard des États-majors deſdits régimens, ils continueront d'être payés ſur le même pied réglé ci-deſſus.

Retenue à titre de Maſſe ſur la Solde des compagnies.

Sa Majeſté ayant établi par ſon ordonnance du 30 décembre 1751, une retenue de trois livres par homme par mois, à titre de Maſſe, ſur la paye de treize livres qu'Elle accorde en temps de paix aux régimens d'Infanterie allemande, & à ceux de Boüillon, Vierzet & d'Horion, à l'exception des payes de gratification que le Capitaine doit toucher en entier & ſans aucune déduction; laquelle retenue doit être faite ſur le pied du complet de chaque compagnie, à tel nombre d'hommes qu'elles paſſent aux revûes des Commiſſaires des guerres, & être employée ſur la main-levée qui en ſera donnée par les Inſpecteurs, au payement de l'habillement, l'équipement, l'armement & la petite monture, ſon intention eſt que cette retenue continue d'avoir ſon exécution ſur ce pied pour les régimens qui ſont à la paye de paix.

A l'égard des régimens qui jouiſſent préſentement de la paye de guerre, & de ceux qui en jouiront par la ſuite, Sa Majeſté veut & ordonne que la retenue de la Maſſe ſoit portée à quatre livres dix ſols par homme par mois, ſur le pied du complet de chaque compagnie, à tel nombre qu'elles paſſent aux revûes des Commiſſaires des guerres, excepté les payes de gratification que le Capitaine doit toucher ſur le pied de quatorze livres dix ſols, ſans aucune déduction; & que l'emploi de cette retenue ſoit affecté au payement de l'habillement, l'équipement, l'armement & la petite monture, ainſi qu'il eſt réglé par ladite ordonnance du 30 décembre 1751; & que dans le cas où il ſe trouvera de l'excédant, la remiſe en ſoit faite à chaque Capitaine, ſur la main-levée de l'Inſpecteur.

Appointemens conservés aux Commandans des bataillons qui ont été réformés en 1748 & 1749.

Les Officiers qui commandoient les bataillons réformés par les réductions ordonnées dans les régimens d'Infanterie allemande, les 10 & 28 décembre 1748, & premier février 1749, & qui ont passé avec leur compagnie dans les bataillons restés sur pied, en conservant le titre & le rang de Commandant de bataillon, continueront de jouir, indépendamment de leur traitement de Capitaine, des mêmes appointemens de soixante livres chacun par mois, qu'ils avoient en ladite qualité de Commandant de bataillon, jusqu'à ce qu'ils soient remplacés.

Officiers réformés à la suite des régimens Allemands.

Les Officiers réformés entretenus à la suite desdits régimens, y seront payés sur le pied par mois, de cent livres au Colonel, quatre-vingt-trois livres six sols huit deniers au Lieutenant-colonel, & cinquante livres au Capitaine; à l'exception cependant des Colonels & Lieutenans-colonels, auxquels il auroit été réglé des appointemens différens, dont ils continueront de jouir, en conséquence des ordres particuliers qui leur ont été expédiés.

Officiers réformés entretenus dans les Places, & qui composent les brigades.

Les Officiers réformés qui sont entretenus dans les Places, ou qui composent les brigades desdits régimens Allemands, continueront de jouir, en conséquence de l'ordonnance du premier mai 1737 & de l'état y joint, savoir; les Capitaines de la première classe, de quatre-vingt-dix livres par mois, ceux de la seconde de soixante livres, ceux de la troisième de cinquante livres, & ceux de la quatrième de trente-sept livres dix sols; & les Lieutenans de la première classe de quarante-huit livres, ceux de la seconde de trente livres, & ceux de la troisième de vingt livres.

Les sieurs de Valbrun, commandant la brigade d'Alsace, & Commerfort, commandant celle de la Marck, continueront d'être payés sur le pied de quatre-vingt-dix livres par mois à chacun; & ceux qui les remplaceront dans le commandement desdites brigades, recevront le même traitement.

Le sieur de Lort, commandant la brigade à la paye françoise, recevra, suivant l'article VII de ladite ordonnance du premier mai 1737, vingt-cinq livres par mois en en ladite qualité, outre les trente-sept livres dix sols à lui attribuées, aussi par mois, en celle de Capitaine.

Le régiment Royal-Deux-Ponts, composé de quatre bataillons, au moyen d'un bataillon d'augmentation, levé par ordonnance de ce jour 25 février, chaque bataillon de six compagnies de cent treize hommes chacune, les Officiers non compris. *Régiment Royal-Deux-Ponts.*

Chacune des six compagnies de chaque bataillon, commandée par un Capitaine en pied, un Capitaine en second, un premier Lieutenant, un second Lieutenant, & un Lieutenant en second, qui dans les deux premières compagnies de chaque bataillon, tiendra lieu d'Enseigne pour porter les drapeaux, sera payée par mois, savoir; *Compagnies.*

A chacun des Capitaines des deux premières compagnies du premier bataillon, autres que celles des Colonel & Lieutenant-colonel, sur le pied de cent cinquante livres par mois, y compris soixante livres d'augmentation.

A chacun des deux Capitaines des deux compagnies qui suivent par leur rang, la somme de cent quarante livres, y compris cinquante livres d'augmentation.

Et à chacun des Colonel & Lieutenant-colonel, comme Capitaines des deux autres compagnies, à raison de cent trente livres par mois, dont quarante livres d'augmentation.

A l'égard des six compagnies de chacun des second, troisième & quatrième bataillons, chacun des Capitaines des deux premières compagnies, y compris le Commandant de bataillon, recevront cent cinquante livres d'appointemens par mois, dont soixante livres d'augmentation.

Chacun des deux Capitaines des deux compagnies qui suivent par leur rang, la somme de cent quarante livres, y compris cinquante livres d'augmentation.

Et chacun des Capitaines des deux autres compagnies, recevront cent trente livres par mois, dont quarante livres d'augmentation.

Quant aux autres Officiers desdites compagnies, ils

feront payés fur le pied par mois, favoir; de cent vingt livres au Capitaine en fecond, y compris trente livres de fupplément; de foixante-quinze livres au premier Lieutenant, y compris quinze livres de fupplément; de foixante livres au fecond Lieutenant, y compris neuf livres de fupplément; & de cinquante livres au Lieutenant en fecond, y compris deux livres de fupplément. Le Capitaine recevra treize livres par mois, pour chacun des cent treize hommes dont fa compagnie eft compofée, non compris les Officiers, & pour chacune des payes de gratification qui lui font réglées.

Entend Sa Majefté qu'au moyen des treize livres par mois, que le Capitaine recevra pour chacun des cent treize hommes dont fa compagnie eft compofée, il entretiendra & payera un premier Sergent à treize fols par jour, deux autres à douze fols chacun, un quatrième à onze fols, un Fourrier & un Capitaine-d'armes à neuf fols chacun, un Fourrier-fchutz à huit fols, quatre Caporaux, un Charpentier de profeffion & trois Tambours à fept fols chacun, huit Anfpeffades & huit Grenadiers à fix fols, & quatre-vingt-deux Fufiliers à cinq fols fix deniers chacun par jour.

Payes de gratification. Le Capitaine recevra de plus feize payes de gratification de treize livres chacune par mois, dont deux de fupplément, fa compagnie étant complète audit nombre de cent treize hommes aux revûes des Commiffaires ordinaires des guerres, quatorze à cent onze, douze à cent neuf, dix à cent fept, huit à cent cinq, & rien au deffous dudit nombre de cent cinq hommes.

État-major. L'État-major dudit régiment, compofé d'un Colonel-lieutenant, un Lieutenant-colonel, un Commandant de chacun des fecond, troifième & quatrième bataillons, un Major, quatre Aides-majors & un Interprète, fera payé fur le pied par mois, favoir; au Colonel-lieutenant de cinq cens foixante livres, tant pour lui en fa qualité de Colonel, indépendamment de fon traitement de Capitaine, que pour l'entretien de l'Aumônier, du Chirurgien, de l'Auditeur, du Prevôt, du Greffier, du Tambour-major, des deux Archers & de l'Exécuteur de justice; de cent cinquante livres par mois au Lieutenant-colonel, de soixante livres au Commandant de chacun des second, troisième & quatrième bataillons, outre leur traitement de Capitaine; de deux cens livres au Major, de cent vingt livres à chacun des quatre Aides-majors qui ne pourront avoir d'autre charge dans le régiment, y compris trente livres d'augmentation; & de cent livres à l'Interprète.

Retenue à titre de Masse sur la Solde des compagnies.

A l'égard de la retenue à titre de Masse, elle sera faite conformément à ce qui est ordonné pour les régimens d'Infanterie allemande, sur le pied de trois livres par homme par mois, ce régiment étant à la paye de paix, qui est de treize livres; & de quatre livres dix sols aussi par homme par mois, lorsque le régiment sera à la paye de guerre, qui est de quatorze livres dix sols par homme par mois, non compris les payes de gratification qui doivent être remises au Capitaine sans aucune déduction.

Paye de guerre.

Entend Sa Majesté que ce régiment continue à recevoir la paye de guerre, conformément à l'ordonnance particulière qu'Elle a fait expédier à ce sujet le 30 juin dernier, jusqu'à ce qu'Elle en ordonne autrement, sur le pied de quatorze livres dix sols par homme par mois, & pour chacune des seize payes de gratification attribuées au Capitaine.

Entend pareillement Sa Majesté que les Officiers du quatrième bataillon, mis d'augmentation à ce régiment, commencent à recevoir leurs appointemens du premier mars prochain, sur le pied réglé pour les Officiers des autres bataillons dudit régiment.

Quant à la paye des Soldats dudit quatrième bataillon, elle aura lieu, savoir, à commencer dudit jour premier mars prochain pour tout ledit mois, sur le pied de quatre cens hommes; à compter du premier avril suivant, sur le pied de cinq cens hommes; & comme ce bataillon doit être complet au mois de mai prochain de six cens soixante-dix-huit hommes aux revûes qui en seront faites par les Commissaires des guerres, l'intention de Sa Majesté est qu'il soit payé de sa solde, ainsi que des payes de gratification, à commencer du premier dudit mois de mai, sur le même pied des autres bataillons dudit régiment.

Royal-Italien & Royal-Corse.

Les régimens Royal-Italien & Royal-Corse, composés chacun de six cens quatre-vingt-cinq hommes en neuf compagnies, dont une de quarante-cinq Grenadiers, & huit de Fusiliers de quatre-vingts hommes, seront payés, savoir;

Compagnie de Grenadiers.

La compagnie de Grenadiers, composée d'un Capitaine, un Lieutenant, un Lieutenant en second, trois Sergens, trois Caporaux, cinq Anspessades, trente-trois Grenadiers & un Tambour, à raison de six livres treize sols quatre deniers par jour au Capitaine, dont treize sols quatre deniers de supplément; trois livres six sols huit deniers au Lieutenant, y compris deux sols huit deniers de supplément; deux livres au Lieutenant en second, dix-neuf sols au premier Sergent, quinze sols à chacun des deux autres, dix sols dix deniers à chaque Caporal, neuf sols cinq deniers à chaque Anspessade, huit sols à chaque Grenadier, & neuf sols cinq deniers au Tambour. Le Capitaine recevra de plus huit payes de gratification de huit sols chacune, dont deux de supplément, sa compagnie étant complète de quarante-cinq hommes, quatre à quarante-quatre, deux seulement à quarante-trois, & rien au dessous dudit nombre de quarante-trois hommes.

Compagnies de Fusiliers.

Les huit compagnies de Fusiliers de chacun de ces deux régimens, seront payées, savoir;

Chacun des deux Capitaines des deux premières compagnies, sur le pied par jour, de cinq livres seize sols huit deniers, dont seize sols huit deniers de supplément.

Chacun des Capitaines des deux compagnies qui suivent par leur rang, sur le pied par jour, de cinq livres six sols huit deniers, dont six sols huit deniers de supplément.

Et

Et chacun des Capitaines des quatre dernières compagnies, sur le pied de cinq livres par jour.

Quant aux autres Officiers desdites compagnies de Fusiliers, ils seront payés sur le pied par jour, de trois livres six sols huit deniers au Capitaine en second, dont six sols huit deniers de supplément; deux livres six sols huit deniers au Lieutenant, dont six sols huit deniers de supplément; trente-trois sols quatre deniers au Lieutenant en second, dont trois sols quatre deniers de supplément; dix-huit sols au premier Sergent, quatorze sols à chacun des quatre autres, neuf sols dix deniers à chacun des cinq Caporaux, huit sols cinq deniers à chacun des sept Anspessades, sept sols six deniers à chacun des quinze Appointés, sept sols à chacun des quarante-six Fusiliers, & huit sols cinq deniers à chacun des deux Tambours.

Payes de gratification.

Le Capitaine en pied recevra en outre douze payes de gratification de sept sols chacune, dont deux de supplément, sa compagnie étant complète de quatre-vingts hommes, huit à soixante-dix-huit, six à soixante-dix-sept, quatre à soixante-seize, deux à soixante-quinze, & rien au dessous dudit nombre de soixante-quinze hommes.

États-majors de Royal-Italien & de Royal-Corse.

L'État-major de chacun des régimens Royal-Italien & Royal-Corse, sera payé sur le pied par jour, de trente livres au Colonel, douze livres au Lieutenant-colonel, tant pour leurs appointemens en leurdite qualité, qu'en celle de Capitaine, ne devant point avoir de compagnie, dix livres au Major, cinq livres à l'Interprète, quatre livres à l'Aide-major, trente sols au Maréchal-des-logis, quarante sols à l'Aumônier, quinze sols au Chirurgien, dix sols au Tambour-major, deux livres au Prevôt, vingt sols à son Lieutenant, douze sols six deniers au Greffier, & huit sols quatre deniers à chacun des cinq Archers & à l'Exécuteur de Justice.

Entend Sa Majesté que le traitement de la Prevôté, qu'elle établit par l'article ci-dessus dans le régiment Royal-Corse, ne commence à avoir lieu que du jour que ladite Prevôté ſera employée ſur les revûes des Commiſſaires des guerres.

Colonel en ſecond de Royal-Corſe.

Le Colonel en ſecond du régiment Royal-Corſe, ſera payé ſur le pied de cent ſoixante-ſix livres treize ſols quatre deniers par mois, en paſſant préſent aux revûes des Commiſſaires des guerres.

Officiers réformés de Royal-Italien.

Les deux derniers Capitaines qui, par la nouvelle compoſition du régiment Royal-Italien, ſe ſont trouvés ſans compagnie, & ont été attachés aux premières compagnies de Fuſiliers pour y tenir lieu de Capitaine en ſecond, continueront de recevoir chacun les cinq livres d'appointemens par jour dont ils jouiſſoient, & ce en attendant leur remplacement aux premières compagnies vacantes dans ledit régiment, auxquelles Sa Majeſté veut qu'ils ſoient nommés ſuivant leur rang, & de préférence aux autres Capitaines réformés.

Ceux des Capitaines en ſecond ou réformés, attachés actuellement au régiment Royal-Italien, qui ſe trouvent d'excédant au nombre de huit Capitaines en ſecond, réglé par l'ordonnance du 29 janvier 1757, & qui rempliſſent la troiſième place d'Officier aux compagnies de Fuſiliers, ſous le titre de ſecond Capitaine en ſecond, continueront de recevoir les trois livres d'appointemens chacun par jour; l'intention de Sa Majeſté n'étant point qu'ils participent à l'augmentation d'appointemens qu'Elle a réglée aux Capitaines en ſecond, ces places de ſeconds Capitaines en ſecond ne ſeront remplies, à meſure qu'elles deviendront vacantes, que par des Lieutenans aux appointemens de quarante-ſix ſols huit deniers.

Commandans des ſecond & troiſième bataillons réformés de Royal-Italien.

Les Commandans des ſecond & troiſième bataillons réformés dudit régiment Royal-Italien, qui ont paſſé avec leurs compagnies dans le bataillon reſté ſur pied, en conſervant le titre & le rang de Commandant de bataillon, continueront de jouir, indépendamment de leurs appointemens de Capitaine, des quarante ſols qu'ils avoient chacun par jour en ladite qualité de Commandant de bataillon, juſqu'à ce qu'ils ſoient nommés à une charge dont les appointemens ne seront pas inférieurs.

Officiers réformés de Royal-Italien & Royal-Corse.

Les Colonels & Lieutenans-colonels réformés à la suite des régimens Royal-Italien & Royal-Corse, seront payés des appointemens qui leur ont été réglés, en passant présens aux revûes, sur le pied par mois, de cent livres au Colonel, & de quatre-vingt-trois livres six sols huit deniers au Lieutenant-colonel; à l'exception cependant des Colonels & Lieutenans-colonels, auxquels il a été réglé des appointemens différens, dont ils continueront de jouir en conséquence des ordres particuliers qui leur ont été expédiés; soixante livres à chaque Capitaine, & trente livres à chaque Lieutenant.

Retenue pour l'habillement de Royal-Italien & Royal-Corse.

Entend Sa Majesté que la retenue qui doit être faite de l'excédant de solde, pour tenir lieu de Masse & servir à l'habillement, équipement, linge & chaussure des Sergens, Caporaux, Anspessades, Grenadiers, Fusiliers & Tambours des régimens Royal-Italien & Royal-Corse, reste entre les mains des Majors pour être remise aux Capitaines, qui seront chargés à l'avenir dudit entretien, & le fonds de ladite retenue ne leur sera délivré qu'après que l'Inspecteur général aura constaté les réparations nécessaires à leur troupe.

INFANTERIE IRLANDOISE & ÉCOSSOISE.

LES régimens d'Infanterie Irlandoise de Bulkeley, Clare, Dillon, Rothe & Berwick; & ceux d'Infanterie Écossoise de Royal-Écossois & d'Ogilvy, composés chacun d'un bataillon de sept cens cinq hommes, en treize compagnies, dont une de Grenadiers de quarante-cinq hommes, & douze de Fusiliers de cinquante-cinq hommes chacune, seront payés, savoir;

Compagnie de Grenadiers.

La compagnie de Grenadiers, sur le pied par jour, de six livres treize sols quatre deniers au Capitaine, dont treize sols quatre deniers de supplément; quatre livres au Capitaine en second, dont treize sols quatre deniers de supplément; trois livres dix sols au Lieutenant, trente-six sols huit deniers au Lieutenant en second, dont six sols huit deniers de supplément, seize sols à chacun des deux Sergens, onze sols six deniers à chacun des trois Caporaux, dix sols six deniers à chacun des trois Anspessades, & neuf sols six deniers à chacun des trente-six Grenadiers & au Tambour. Le Capitaine recevra de plus cinq payes de gratification de neuf sols six deniers chacune, dont deux de supplément, sa compagnie étant complète de quarante-cinq hommes, trois à quarante-quatre, une à quarante-trois, & rien au dessous dudit nombre de quarante-trois hommes.

Compagnies de Fusiliers. Les douze compagnies de Fusiliers, de chacun desdits régimens, seront payées, savoir;

Aux trois Capitaines des trois premières compagnies, sur le pied par jour, de cinq livres seize sols huit deniers, dont seize sols huit deniers de supplément.

Chacun des Capitaines des trois compagnies qui suivent par leur rang, sur le pied par jour, de cinq livres six sols huit deniers, dont six sols huit deniers de supplément.

Et chacun des Capitaines des six dernières compagnies, sur le pied par jour, de cinq livres.

Quant aux autres Officiers desdites compagnies, ils seront payés sur le pied par jour, de trois livres six sols huit deniers au Capitaine en second, quarante-six sols huit deniers au Lieutenant, dont un sol huit deniers de supplément; trente-trois sols quatre deniers au Lieutenant en second, dont trois sols quatre deniers de supplément; quinze sols à chacun des trois Sergens, dix sols six deniers à chacun des quatre Caporaux, neuf sols six deniers à chacun des quatre Anspessades, & huit sols six deniers à chacun des quarante-trois Fusiliers & au Tambour. Le Capitaine recevra de plus sept payes de gratification de huit sols six deniers chacune, dont deux de supplément, sa compagnie étant complète de cinquante-cinq hommes, quatre à cinquante-quatre, trois à cinquante-trois, une à cinquante-deux, & rien au dessous dudit nombre de cinquante-deux hommes.

Enseignes. Chacun des deux Enseignes, pour porter les deux Drapeaux

Drapeaux qu'il y a dans chaque régiment, recevra ses appointemens à raison de trente-six sols par jour.

États-majors des régimens de Bulkeley, Clare, Dillon, Rothe, Berwick, Royal-Écossois & Ogilvy.

L'État-major de chacun desdits régimens de Bulkeley, Clare, Dillon, Rothe, Berwick, Royal-Écossois & Ogilvy, sera payé sur le pied par jour, de dix-huit livres six sols huit deniers au Colonel, tant pour ses appointemens en ladite qualité, que pour lui tenir lieu de ceux de Capitaine, ne devant point avoir de compagnie, dans lesquels appointemens est compris un supplément de cinq livres seize sols huit deniers, aux Colonels des régimens de Rothe & de Berwick; sept livres cinq sols au Lieutenant-colonel de chacun desdits sept régimens, aussi sans compagnie, dont quatre livres douze sols neuf deniers un tiers à titre d'augmentation de traitement, indépendamment de la gratification attachée à sa charge, dont il continuera de jouir; huit livres six sols huit deniers au Major, dont trente-trois sols quatre deniers de supplément; trois livres six sols huit deniers à l'Aide-major, y compris six sols huit deniers de supplément; quarante sols à l'Aumônier, trente sols à chacun des Chirurgien & Maréchal-des-logis, cinq livres à l'Interprète de chacun desdits régimens, & pareilles cinq livres au second Interprète attaché au régiment Royal-Écossois par l'article III de l'ordonnance du 20 décembre 1748, concernant l'incorporation du régiment d'Albanie.

La Prevôté qui est en chacun desdits régimens de Rothe & de Berwick, sera payée sur le pied par jour, de vingt-six sols huit deniers au Prevôt, treize sols quatre deniers à son Lieutenant, huit sols quatre deniers au Greffier, cinq sols à chacun des cinq Archers & à l'Exécuteur de justice.

Le Colonel de chacun des régimens de Bulkeley, Clare, Dillon, Royal-Écossois & d'Ogilvy, continuera de jouir de la pension de quatre mille sept cens livres par an, attachée à sa charge; & celui de chacun des régimens de Rothe & Berwick, continuera aussi de jouir de la pension de mille livres par an attachée à sa charge, au moyen de quoi lesdits Colonels ne pourront rien retenir sur la solde & la Masse des Sergens, Caporaux, Anspessades, Grenadiers, Soldats & Tambours, qui doivent recevoir leur paye entière, à la déduction seulement de ce qui sera mis à la Masse pour leur habillement.

Cadets.

Sa Majesté ayant bien voulu permettre qu'il soit entretenu douze Cadets dans chacun desdits régimens Irlandois & Écossois, qui tiendront lieu de pareil nombre de Soldats, son intention est que lesdits Cadets reçoivent chacun un supplément de paye de quatre sols six deniers par jour, à compter de celui qu'ils passeront présens aux revûes des Commissaires des guerres.

Officiers réformés à la suite des régimens Irlandois & Écossois.

Les Officiers réformés entretenus à la suite desdits régimens Irlandois & Écossois, y seront payés, en passant présens aux revûes, sur le pied par mois, de cent livres à chaque Colonel, quatre-vingt-trois livres six sols huit deniers à chaque Lieutenant-colonel, & soixante-six livres treize sols quatre deniers à chaque Capitaine, indépendamment de ceux desdits Officiers réformés qui se trouveront encore employés à la suite des régimens Royal-Écossois & d'Ogilvy, provenant de l'incorporation qui y a été faite de celui d'Albanie, lesquels seront payés en passant présens aux revûes sur le pied réglé par les ordonnances des 20 décembre 1748 & premier février 1751, savoir; de cent cinquante livres par mois au Lieutenant-colonel, cent trente-cinq livres au Capitaine de Grenadiers, cent cinq livres à chaque Capitaine & au Major, quatre-vingt-deux livres dix sols à chaque Capitaine en second, quatre-vingt-dix livres au Lieutenant de Grenadiers, cinquante-deux livres dix sols à chaque Lieutenant, y compris l'Aide-major, & de quarante-cinq livres à chaque Lieutenant en second réformé: A l'égard des Colonels & Lieutenans-colonels auxquels il auroit été réglé des appointemens différens de ceux ci-dessus fixés; ils continueront d'en jouir, en conséquence des ordres particuliers qui leur ont été expédiés.

XII.

Veut Sa Majesté, par rapport aux gradations établies

par la présente ordonnance pour la fixation des appointemens des Capitaines, que chaque compagnie soit placée dans les bataillons des différens corps, suivant le rang qu'elle y doit tenir par l'ancienneté du Capitaine. Ordonne Sa Majesté aux Commandans des corps, de tenir la main à ce que cette disposition soit exactement remplie lors des mutations qui pourront arriver dans leurs régimens; en sorte qu'à chaque revûe que les Commissaires des guerres en feront, toutes les compagnies se trouvent placées à leur rang.

OUTILS en chaque compagnie d'Infanterie françoise & étrangère.

Veut Sa Majesté qu'il y ait toûjours en chaque compagnie de son Infanterie françoise & étrangère, dix outils propres à remuer la terre, que les Soldats de chaque chambrée porteront tour à tour avec leurs armes.

INGÉNIEURS.

Les Ingénieurs auxquels Sa Majesté a accordé des réformes, seront payés par le Trésorier général de l'Artillerie & du Génie, ou par ses Commis, dans les places de leur résidence, en vertu des reliefs qui leur seront expédiés de six en six mois, sur le pied de neuf cens livres par an à chaque Colonel, sept cens livres à chaque Lieutenant-colonel, quatre cens cinquante livres à chaque Capitaine, & deux cens quarante livres à chaque Lieutenant.

A l'égard des Ingénieurs retirés du service, auxquels Sa Majesté a bien voulu en se retirant conserver les réformes dont ils jouissoient, ils continueront d'être payés de six en six mois aux lieux qu'ils ont choisis pour leur résidence, par les Commis de l'Extraordinaire des guerres, en vertu des reliefs qui leur seront expédiés.

Sa Majesté trouve bon que le sol d'augmentation par jour, accordé à chaque Sergent, & les six deniers à chaque Caporal, Anspessade, Grenadier, Soldat & Tambour de son Infanterie françoise & étrangère, pour s'entretenir de linge & chaussure, leur soit continué pendant les marches, dans les lieux où l'étape sera fournie, même aux trois cens quarante surnuméraires que Sa Majesté a bien voulu entretenir dans son régiment d'Infanterie, sur le pied de cinq en chacune des soixante-huit compagnies dont il est composé; & il sera payé un supplément de solde au Corps de l'Artillerie & du Génie, & aux troupes d'Infanterie étrangère, sur le pied ci-après réglé, article XVII de la présente ordonnance.

XIII.

GENDARMERIE.

Gardes-du-corps du Roi.

Les Officiers des Gardes-du-corps du Roi, servant à la Cornette, seront payés sur le pied par jour, de six livres à chacun des trois Lieutenans, cinq livres à chacun des trois Enseignes, trois livres à chacun des douze Exempts, l'Aide-major compris, ainsi que le Sous-aide-major établi par ordonnance du 9 juin 1745; quarante sols à chacun des neuf Brigadiers, trente-cinq sols à chacun des neuf Sous-brigadiers, trente-trois sols à chacun des deux cens quatre-vingt-deux Gardes, des six Trompettes & un Timbalier, quarante sols à l'Aumônier, & vingt sols au Chirurgien: le tout en chacune des quatre compagnies desdits Gardes-du-corps.

Grenadiers a cheval.

La compagnie des Grenadiers à cheval de Sa Majesté, composée de cent trente Grenadiers, non compris les Tambours, sera payée sur le pied par jour, de dix livres au Capitaine-lieutenant, six livres à chacun des trois Lieutenans, quatre livres à chacun des trois Sous-lieutenans, trois livres à chacun des trois Maréchaux-des-logis, quarante sols à chacun des six Sergens, trente-un sols à chacun des trois Brigadiers, vingt-six sols à chacun des six Sous-brigadiers, vingt-quatre sols à chacun des six Appointés & un Porte-étendard, vingt-un sols à chacun des cent huit Grenadiers & quatre Tambours, & quarante sols à l'Aumônier établi dans ladite compagnie par ordonnance particulière du 9 février 1734.

Gendarmes & Chevaux-légers de la garde du Roi.

Les grands Officiers des compagnies de Gendarmes & des Chevaux-légers de la garde du Roi, & les cinquante Gendarmes & cinquante Chevaux-légers, deux Trompettes & un Timbalier de chaque compagnie, servant par quartier

quartier près Sa Majesté, continueront à être payés suivant les états & ordres qui seront expédiés à cet effet.

Il sera payé trente sols par jour à chacun des six Brigadiers, six Sous-brigadiers, cent trente-huit Gendarmes & Chevaux-légers, & deux Trompettes, de chacune desdites deux compagnies servant à la Cornette; & vingt sols à chacun des sept petits Officiers, aussi de chaque compagnie, savoir, un Aumônier, deux Fourriers, deux Chirurgiens, un Sellier & un Maréchal-ferrant.

Mousquetaires de la garde du Roi.

Chacune des deux compagnies de Mousquetaires de la garde du Roi, sera payée à raison de trente livres par jour au Capitaine-lieutenant, qui est vingt livres pour les appointemens de Capitaine, & dix livres pour ceux de Lieutenant; six livres treize sols quatre deniers à chacun des deux Sous-lieutenans, cinq livres à chacun des deux Enseignes & deux Cornettes; cinquante sols à chacun des dix Maréchaux-des-logis, quarante-deux sols à chacun des quatre Brigadiers, quarante sols à chacun des dix-huit Sous-brigadiers & cent soixante-dix-huit Mousquetaires, cinquante sols à chacun des quatre Hautbois, & trente sols à chacun des six Tambours & des six petits Officiers, savoir, un Aumônier, un Chirurgien, un Apothicaire, un Fourrier, un Sellier & un Maréchal-ferrant.

Gendarmerie. *Compagnies de Gendarmes.*

Les grands Officiers des dix compagnies de Gendarmes de la Gendarmerie, continueront d'être payés suivant les états que Sa Majesté fera expédier; & les Maréchaux-des-logis, Brigadiers, Sous-brigadiers, Porte-étendards, Gendarmes, Trompettes & Timbaliers, sur le même pied de ceux des compagnies de Chevaux-légers, ainsi qu'il sera ci-après expliqué.

Compagnies de Chevaux-légers.

Chacune des six compagnies de Chevaux-légers de ladite Gendarmerie, composée d'un Capitaine-lieutenant, un Sous-lieutenant, deux Cornettes, quatre Maréchaux-des-logis, deux Brigadiers, deux Sous-brigadiers, un Porte-étendard, soixante-dix Chevaux-légers ou Gendarmes, au moyen des vingt-sept ordonnés le 25 décembre 1756, d'augmentation en chaque compagnie, & deux Trompettes, sera payée à raison par jour de neuf livres au Capitaine-lieutenant, dont six livres en qualité de Capitaine, & trois livres en celle de Lieutenant, trois livres au Sous-lieutenant; quarante-cinq sols à chaque Cornette, cinquante sols à chaque Maréchal-des-logis, dont quatre sols de supplément; vingt-six sols six deniers à chaque Brigadier & Sous-brigadier, dix-huit sols quatre deniers au Porte-étendard, quinze sols à chaque Chevau-léger ou Gendarme, & vingt-deux sols à chaque Trompette.

Il sera payé vingt-deux sols par jour à chacun des huit Timbaliers entretenus dans les huit premières compagnies, & trente sols à chacun des deux Aumôniers de ladite Gendarmerie.

Supplément de paye aux Gendarmes & Chevaux-légers, pour tenir lieu de Masse.

Sa Majesté ayant bien voulu accorder un supplément de paye de deux sols deux deniers par jour, pour tenir lieu de Masse, à chaque Gendarme & Chevau-léger seulement, des seize compagnies de la Gendarmerie, son intention est qu'ils en jouissent, à commencer du premier janvier de la présente année, indépendamment des quinze sols par jour qui sont réglés ci-dessus à chacun desdits Gendarmes & Chevaux-légers.

Pensions aux Brigadiers, Sous-brigadiers, & à chacun des deux plus anciens Gendarmes ou Chevaux-légers, par brigade.

Sa Majesté voulant aussi qu'il soit établi une pension attachée à l'état de Brigadier & Sous-brigadier, ainsi qu'aux deux plus anciens Gendarmes, en chacune des brigades des seize compagnies de la Gendarmerie, son intention est que le payement en soit fait, à commencer du premier janvier de la présente année, en vertu des ordres particuliers qu'Elle fera expédier à cet effet, sur le pied par an, de cent livres à chaque Brigadier, de soixante-quinze livres à chaque Sous-brigadier, & de cinquante livres à chacun des deux plus anciens Gendarmes ou Chevaux-légers par brigade.

État-major de la Gendarmerie.

Les Officiers de l'État-major de ladite Gendarmerie, étant payés de leurs appointemens à l'Ordinaire des guerres, il n'en sera point fait ici mention.

XIV.

CAVALERIE, CARABINIERS, HUSSARDS ET DRAGONS.

Cavalerie Françoise.

LES quatre cens quarante-quatre compagnies qui composent les cent onze escadrons des cinquante-cinq régimens de Cavalerie françoise, chaque escadron de quatre compagnies de quarante Maîtres, au moyen des dix hommes dont elles ont été augmentées par ordonnance du premier décembre 1755, seront payées chacune sur le pied par jour, de cinq livres au Capitaine, cinquante sols au Lieutenant, trente-sept sols six deniers au Cornette, vingt-six sols huit deniers au Maréchal-des-logis, huit sols à chacun des deux Brigadiers, & sept sols à chacun des trente-huit Cavaliers, y compris le Trompette & le Timbalier où il doit y en avoir.

Sous-lieutenans & Cornettes en charge dans les régimens Colonel-général, Mestre-de-camp & Commissaire général de la Cavalerie.

Le Sous-lieutenant qui est dans la compagnie Colonelle du Colonel général de la Cavalerie, le Cornette-blanc qui est dans ladite compagnie, & le Cornette qui est en chacune des compagnies Mestre-de-camp des régimens du Mestre-de-camp général & du Commissaire général de la Cavalerie, recevront, savoir, le Sous-lieutenant cinquante sols par jour, le Cornette-blanc & chacun des deux autres, trente-sept sols six deniers, aussi par jour.

État-major des trois premiers régimens de la Cavalerie.

Sa Majesté ayant conservé par ses ordonnances des premier septembre & 30 octobre 1748, les compagnies aux Mestres-de-camp des régimens Colonel, Mestre-de-camp & Commissaire général; l'État-major de chacun desdits trois régimens sera payé sur le pied par jour, savoir, de quarante-quatre sols cinq deniers au Mestre-de-camp, dont il jouira à commencer du premier novembre 1757, suivant l'usage en temps de guerre, indépendamment de ses appointemens de Capitaine; le Lieutenant-colonel, qui ne doit point avoir de compagnie dans le régiment, recevra six livres six sols huit deniers d'appointemens, & cinq livres à titre d'augmentation de traitement; six livres au Major, dont vingt ſols de ſupplément, & trois livres à l'Aide-major, dont dix ſols de ſupplément; trente ſols à l'Aumônier, & treize ſols ſix deniers au Chirurgien.

État-major des cinquante-deux autres régimens de Cavalerie françoiſe.

L'État-major de chacun des cinquante-deux autres régimens de Cavalerie françoiſe, ſera payé ſur le pied par jour, de ſix livres treize ſols quatre deniers au Meſtre-de-camp, qui ne doit point avoir de compagnie; le Lieutenant-colonel qui ne doit point auſſi avoir de compagnie dans le régiment, le Major, l'Aide-major, l'Aumônier & le Chirurgien, recevront les mêmes appointemens ci-deſſus réglés pour ceux des mêmes grades des régimens du Colonel, Meſtre-de-camp & Commiſſaire général.

Capitaines réformés de Cavalerie Françoiſe, dernière réforme.

Les Capitaines réformés de Cavalerie françoiſe, qui ont été entretenus à la ſuite des régimens en conſéquence des ordonnances des premier ſeptembre, 30 octobre 1748 & 15 mars 1749, leſquels ſont obligés de ſervir à leur corps toute l'année, au lieu des quatre mois auxquels ils étoient ci-devant aſſujétis, continueront de recevoir le même traitement dont ont joui les Capitaines réformés, durant la guerre, qui eſt de quatre-vingt-dix livres par mois, en paſſant préſens aux revûes des Commiſſaires des guerres.

Capitaines réformés de Cavalerie Françoiſe, ancienne réforme.

Les Capitaines réformés qui étoient entretenus à la ſuite des régimens de Cavalerie françoiſe avant les ordonnances de réforme de 1748 & 1749, & qui ſe trouveront encore y exiſter, continueront auſſi d'être payés de leurs appointemens, ſur le même pied qu'ils les recevoient pendant la guerre, qui eſt de quatre-vingt-dix livres par mois, en ſervant toute l'année à leur corps, & paſſant préſens aux revûes des Commiſſaires des guerres.

Lieutenans réformés de Cavalerie françoiſe, ci-devant en pied.

Les Lieutenans en pied, compris dans les dernières réformes de 1748 & 1749, auxquels il a été alors accordé des appointemens chez eux, par rapport à l'ancienneté de leurs ſervices, & qui ont été choiſis pour remplir les places de Cornettes établis dans les régimens de Cavalerie françoiſe par les ordonnances des 8 ſeptembre 1756 & 5 janvier

5 janvier 1757, & pourvûs de cette place de troiſième Officier, ſous le titre de Lieutenant en ſecond, continueront de recevoir leurs appointemens de réforme, indépendamment de ceux attribués ci-deſſus au grade de Cornette, & deſquels appointemens de réforme ils ceſſeront de jouir du jour qu'ils ſeront remplacés à des Lieutenances en pied.

Cornettes réformés qui ont été Maréchaux-des-logis.

Les Cornettes réformés qui ont été Maréchaux-des-logis, & qui ſe ſont trouvés entretenus à la ſuite deſdits régimens de Cavalerie françoiſe, en qualité de Lieutenans réformés, & depuis nommés auxdites places de Cornettes ordonnés leſdits jours 8 ſeptembre 1756 & 5 janvier 1757, jouiront des appointemens de trente-ſept ſols ſix deniers par jour qui y ſont attachés; au moyen de quoi ceux de trois cens livres par an qu'ils recevoient comme Lieutenans réformés, ſeront ſupprimés du jour qu'ils ont été nommés auxdites places de Cornettes en pied; voulant Sa Majeſté que ceux deſdits Lieutenans réformés qui ne ſe ſeront pas préſentés pour leſdites places, ou qui n'auront pas été jugés capables d'y être nommés, ceſſent de jouir de leurs appointemens de réforme, & que cette règle ſoit ſuivie pareillement pour leſdites places qui viendront à vaquer dans les régimens où elles ont été établies par leſdites ordonnances des 8 ſeptembre 1756 & 5 janvier 1757.

Royal-des-Carabiniers. Compagnies.

Chacune des quarante compagnies qui compoſent les cinq brigades du régiment Royal-des-Carabiniers, de trente-cinq Maîtres chacune, ſera payée ſur le pied par jour, de ſix livres au Capitaine, trois livres au Lieutenant, quarante-cinq ſols au Cornette établi en chaque compagnie par ordonnances des 8 ſeptembre 1756 & 5 janvier 1757, trente ſols au Maréchal-des-logis, neuf ſols à chacun des deux Brigadiers, & huit ſols à chacun des trente-trois Carabiniers, compris le Trompette & le Timbalier qui eſt en chacune des cinq compagnies Meſtre-de-camp,

État-major.

L'État-major de chacune deſdites brigades, ſera payé ſur le pied par jour, ſavoir, de cinquante-un ſols dix deniers au Meſtre-de-camp, trente-huit ſols dix deniers au Lieutenant-colonel, leſquels appointemens commenceront à avoir lieu à compter du premier novembre 1757, étant d'uſage pendant la guerre d'en faire jouir les Meſtres-de-camp & Lieutenans-colonels de Carabiniers, qui ont conſervé leurs compagnies en vertu de l'ordonnance du 30 octobre 1748, outre ceux qui leur ſont attribués comme Capitaines; ſept livres au Major, dont vingt ſols de ſupplément; trois livres dix ſols à l'Aide-major, dont dix ſols de ſupplément; trente ſols à l'Aumônier, & ſeize ſols deux deniers au Chirurgien.

RÉGIMENT de CAVALERIE IRLANDOISE de FILTZJAMES.

Compagnies.

CHACUNE des huit compagnies du régiment de Cavalerie Irlandoiſe de Filtzjames, portée à quarante Maîtres par ordonnance du premier décembre 1755, ſera payée ſur le pied par jour, de cinq livres au Capitaine, cinquante ſols au Lieutenant, trente-ſept ſols ſix deniers au Cornette établi en chaque compagnie par ordonnance du 5 janvier 1757, vingt-ſix ſols huit deniers au Maréchal-des-logis, dix ſols à chacun des deux Brigadiers, & neuf ſols à chacun des trente-huit Cavaliers, compris le Trompette & le Timbalier où il doit y en avoir.

État-major.

L'État-major ſera payé à raiſon par jour, ſavoir; de ſix livres treize ſols quatre deniers au Meſtre-de-camp; au Lieutenant-colonel, ſix livres ſix ſols huit deniers d'appointemens, & cinq livres à titre d'augmentation de traitement: leſquels Meſtre-de-camp & Lieutenant-colonel ne doivent point avoir de compagnie, en conſéquence de ce qui eſt réglé par l'ordonnance du 5 avril 1749; ſix livres au Major, dont vingt ſols de ſupplément; trois livres à l'Aide-Major, dont dix ſols de ſupplément; trente ſols à l'Aumônier, & treize ſols ſix deniers au Chirurgien.

Officiers réformés du régiment de Filtzjames.

Dernières réformes.

Les Capitaines qui ſe ſont trouvés dans le cas de la réforme, ordonnée dans ledit régiment de Filtzjames le 15 mars 1749, à la ſuite duquel ils ont été entretenus, continueront d'y ſervir toute l'année, au lieu des quatre mois auxquels ils étoient ci-devant aſſujétis; voulant Sa Majeſté qu'ils reçoivent le même traitement dont ont joui les Capitaines réformés dudit régiment durant la guerre, qui eſt de cent vingt livres chacun par mois, en paſſant préſens aux revûes des Commiſſaires des guerres.

Anciennes réformes.

Les Capitaines réformés qui étoient entretenus à la ſuite dudit régiment avant la réforme ordonnée les 30 octobre 1748 & 15 mars 1749, & qui ſe trouveront encore y exiſter, ſeront pareillement tenus d'y ſervir toute l'année, au lieu des quatre mois auxquels ils étoient auſſi aſſujétis, & ſeront payés de leurs appointemens ſur le même pied qu'ils en jouiſſoient pendant la guerre, qui eſt de cent vingt livres chacun par mois, en paſſant préſens aux revûes des Commiſſaires des guerres.

Meſtres-de-camp & Lieutenans-colonels réformés à la ſuite du régiment de Filtzjames.

Sa Majeſté ayant bien voulu rétablir les appointemens des Meſtres-de-camp & Lieutenans-colonels entretenus à la ſuite dudit régiment, qui ſerviront dans ſes armées, ſur le même pied qu'ils étoient pendant la dernière guerre, Elle ordonne qu'ils reçoivent, à commencer du premier janvier de la préſente année, ſavoir, les Meſtres-de-camp, cent quatre-vingt-trois livres ſept ſols ſix deniers d'appointemens par mois, & les Lieutenans-colonels, cent vingt-cinq livres auſſi d'appointemens par mois ; à l'exception cependant des Meſtres-de-camp & Lieutenans-colonels auxquels il auroit été réglé des appointemens différens, dont ils continueront de jouir, en conſéquence des ordres particuliers qui leur ont été expédiés.

Lieutenans réformés ci-devant en pied.

Les Lieutenans en pied, qui ont été compris dans la réforme ordonnée le 15 mars 1749, dans ledit régiment de Filtzjames, auxquels il a été accordé des appointemens de réforme par rapport à l'ancienneté de leurs ſervices, & qui auront été choiſis pour remplir des places de Cornettes ordonnés dans ledit régiment le 5 janvier 1757, pour en être pourvûs ſous le titre de Lieutenant en ſecond, conſerveront leurſdits appointemens de réforme, indépendamment de ceux de trente-ſept ſols ſix deniers par jour, attribués à chacun deſdits Cornettes ; & ce ſeulement juſqu'à ce qu'ils ſoient remplacés Lieutenans en pied, & alors leurſdits appointemens de réforme ſeront éteints.

Cornettes réformés qui avoient été Maréchaux-des-logis dans Filtzjames.

Les Cornettes réformés par ordonnance du 30 octobre 1748, qui avoient été Maréchaux-des-logis, & ont été entretenus à la ſuite du régiment en qualité de Lieutenans réformés, & qui auront été remplacés auxdites places de Cornettes ordonnés le 5 janvier 1757, jouiront ſeulement des appointemens de trente-ſept ſols ſix deniers par jour qui y ſont attachés; au moyen de quoi ceux de trois cens livres par an, qu'ils recevoient comme Lieutenans réformés, demeureront ſupprimés du jour de leur nomination auxdites places de Cornettes. Veut Sa Majeſté que ceux deſdits Lieutenans réformés, qui ne ſe ſeront pas préſentés pour leſdites places, ou qui n'auront pas été jugés capables d'y être nommés, ceſſent de jouir de leurs appointemens de réforme, ainſi qu'il eſt dit à l'article de la Cavalerie françoiſe.

RÉGIMENT ROYAL-ALLEMAND.

Compagnies.

CHACUNE des huit compagnies du régiment Royal-Allemand, portées par ordonnance du premier décembre 1755, à quarante Maîtres, par une augmentation de dix hommes en chaque compagnie, ſera payée ſur le pied par jour, de ſix livres au Capitaine, trois livres au Lieutenant, quarante-cinq ſols au Cornette établi en chaque compagnie par ordonnance du 8 ſeptembre 1756, trente ſols au Maréchal-des-logis, neuf ſols à chacun des deux Brigadiers, & ſept ſols à chacun des trente-huit Cavaliers, y compris les Cadets, Trompettes & Timbalier où il doit y en avoir.

Cadets.

Il ſera en outre payé un ſol par jour à chaque Cadet qui paſſera en revûe dans le nombre deſdits Cavaliers, ſur le certificat du Commandant du régiment.

État-major.

L'État-major du régiment, ſera payé à raiſon par jour, de ſix livres treize ſols quatre deniers au Meſtre-de-camp, & cinq livres à chacun des deux Lieutenans-colonels, indépendamment de leurs appointemens de Capitaine; huit livres ſix ſols huit deniers à chacun des deux Majors, trois livres à chacun des deux Aides-majors, dont ſix ſols huit

huit deniers de ſupplément; vingt-ſix ſols huit deniers au Maréchal-des-logis, trente-trois ſols quatre deniers au Prevôt, vingt-ſix ſols huit deniers à ſon Lieutenant, vingt ſols au Greffier, vingt-ſix ſols huit deniers à chacun des Aumônier & Chirurgien, & quinze ſols à chacun des quatre Archers & à un Exécuteur de juſtice.

RÉGIMENS de WIRTEMBERG & de NASSAU-SAARBRUCK. Compagnies.

LES huit compagnies de chacun des régimens Allemands de Wirtemberg & Naſſau-Saarbruck, portées, par ordonnance du premier décembre 1755, à quarante Maîtres, au moyen des dix hommes mis d'augmentation en chaque compagnie, ſeront payées chacune ſur le pied par jour, de ſix livres au Capitaine, trois livres au Lieutenant, quarante-cinq ſols au Cornette établi dans chaque compagnie, par ordonnance du 8 ſeptembre 1756, vingt-ſix ſols huit deniers au Maréchal-des-logis, huit ſols à chacun des deux Brigadiers, & ſept ſols à chacun des trente-huit Cavaliers, y compris le Trompette & le Timbalier où il doit y en avoir.

État-major du régiment de Wirtemberg.

L'État-major du régiment de Wirtemberg, ſera payé ſur le pied par jour, ſavoir, de trois livres ſix ſols huit deniers au Meſtre-de-camp, & quarante ſols au Lieutenant-colonel, indépendamment de leurs appointemens de Capitaine; huit livres dix ſols au Major, trois livres par jour à l'Aide-major, treize ſols quatre deniers à l'Aumônier, treize ſols quatre deniers à chacun des Chirurgien & Auditeur, & ſept ſols ſix deniers à chacun des Greffier, trois Archers & un Exécuteur.

Le Comte de Roſen, Meſtre-de-camp en ſecond du régiment de Wirtemberg, & qui le commande en l'abſence du Prince de Wirtemberg, recevra ſix livres treize ſols quatre deniers par jour, à commencer du premier janvier 1758, pour ſes appointemens en ladite qualité, ne devant point avoir de compagnie.

État-major du régiment de Naſſau-Saarbruck.

L'État-major du régiment de Naſſau-Saarbruck, ſera payé à raiſon par jour, de trois livres ſix ſols huit deniers au Meſtre-de-camp, & quarante ſols au Lieutenant-colonel, indépendamment de leurs appointemens de Capitaine;

huit livres dix sols au Major, dont trente-six sols huit deniers de supplément; trois livres à l'Aide-major, dont six sols huit deniers de supplément; treize sols quatre deniers à l'Aumônier, & pareils treize sols quatre deniers au Chirurgien qui a été conservé dans ledit régiment lors des dernières réformes.

Capitaines réformés à la suite des régimens de Cavalerie allemande.

Les Capitaines qui se sont trouvés dans le cas de la réforme ordonnée les 30 octobre 1748 & 15 mars 1749, qui ont été entretenus à la suite des régimens Royal-Allemand, Wirtemberg & Nassau, & les Capitaines qui y étoient entretenus avant lesdites deux ordonnances de réforme, & qui se trouveront encore y exister, continueront de servir à leur corps toute l'année, au lieu des quatre mois auxquels ils étoient assujétis; & recevront par an, savoir, ceux qui ont eu troupes, & qui proviennent de la dernière réforme, douze cens livres; & les autres le même traitement dont ont joui les Capitaines réformés, durant la guerre, qui est de quatre-vingt-dix livres chacun par mois, en passant présens aux revûes des Commissaires des guerres.

Mestres-de-camp & Lieutenans-colonels réformés de Cavalerie allemande.

Les Mestres-de-camp & Lieutenans-colonels entretenus à la suite desdits trois régimens, qui serviront dans les armées, seront payés à raison par mois, de cent cinquante livres au Mestre-de-camp, & cent vingt-cinq livres au Lieutenant-colonel, à commencer du premier janvier de la présente année; à l'exception cependant des Mestres-de-camp & Lieutenans-colonels auxquels il auroit été réglé des appointemens différens, dont ils continueront de jouir, en conséquence des ordres particuliers qui leur ont été expédiés.

Lieutenans réformés de Cavalerie allemande, ci-devant Lieutenans en pied.

Les Lieutenans en pied qui ont été compris dans les réformes ordonnées les 30 octobre 1748 & 15 mars 1749, dans lesdits régimens de Royal-Allemand, Wirtemberg & Nassau-Saarbruck, auxquels il a été accordé des appointemens de réforme par rapport à l'ancienneté de leurs services, & qui ont été choisis pour remplir des places de Cornettes ordonnés le 8 septembre 1756, sous le titre de Lieutenant en second, continueront de recevoir leurs appointemens de réforme, indépendamment de ceux de quarante-cinq sols par jour réglés à chaque Cornette; & ce jusqu'à ce qu'ils soient remplacés à des Lieutenances en pied, & alors leursdits appointemens de réforme demeureront éteints.

Cornettes réformés de Cavalerie allemande, qui ont été Maréchaux-des-logis.

Les Cornettes réformés qui auront été Maréchaux-des-logis, & entretenus à la suite desdits trois régimens en qualité de Lieutenans réformés, & qui ont été ou seront nommés auxdites places de Cornettes ordonnés le 8 septembre 1756, jouiront des appointemens de quarante-cinq sols par jour qui y sont attachés; & ceux de trois cens livres par an qu'ils avoient comme Lieutenans réformés, seront supprimés du jour qu'ils auront été nommés auxdites Cornettes: Voulant Sa Majesté que ceux desdits Lieutenans réformés qui ne se seront pas présentés pour lesdites places de Cornettes, ou qui n'auront pas été jugés capables d'y être nommés, cessent de jouir de leurs appointemens de réforme, comme il est dit ci-dessus à l'article de la Cavalerie françoise.

Régiment de Cavalerie Liégeoise de Raugrave.

Sa Majesté ayant jugé à propos, par son ordonnance du premier du présent mois de février, de changer la composition & le titre du régiment des Volontaires-Liégeois, pour en former un régiment de Cavalerie de huit compagnies de quarante Maîtres chacune, sous la dénomination de *Régiment de Cavalerie Liégeoise*, avec le nom du Mestre-de-camp, Elle entend qu'il soit payé, savoir;

Compagnies.

Chaque compagnie, à raison par jour, de six livres au Capitaine, trois livres au Lieutenant, quarante-cinq sols au Cornette, vingt-six sols huit deniers au Maréchal-des-logis, neuf sols à chaque Brigadier, & sept sols à chaque Cavalier & au Trompette ou Timbalier où il doit y en avoir.

État-major.

L'État-major dudit régiment, continuera d'être payé sur le pied par jour, de treize livres six sols huit deniers au Mestre-de-camp, dix livres au Lieutenant-colonel, tant pour leurs appointemens en ladite qualité, que pour leur tenir lieu de ceux de Capitaine, ne devant point avoir de compagnie; huit livres dix ſols au Major, trois livres à l'Aide-major, trente ſols à l'Aumônier, & treize ſols quatre deniers au Chirurgien.

Veut Sa Majeſté que les nouveaux Officiers, & ceux qui ont paſſé à un grade ſupérieur à celui qu'ils avoient à l'occaſion de la nouvelle formation de ce régiment, ne jouiſſent dans leur nouveau grade, des appointemens qui leur ſont attribués, qu'à compter du premier mars prochain, ſuivant qu'il eſt porté par l'ordonnance du premier du préſent mois de février; & que la ſolde des Cavaliers & le fourrage des chevaux d'augmentation dans ledit régiment, ne commencent à avoir lieu que dudit jour premier mars, ſuivant les revûes des Commiſſaires des guerres.

Capitaines réformés à la ſuite du régiment de Raugrave.

Les Capitaines réformés qui étoient entretenus à la ſuite dudit régiment avant les augmentations ordonnées les 20 novembre 1756 & premier du préſent mois de février, & qui pourroient s'y trouver encore, n'ayant point été remplacés, continueront de jouir de trois livres d'appointemens chacun par jour, au lieu du traitement qui leur étoit réglé par l'ordonnance du premier février 1751, & ce juſqu'à ce qu'ils aient été nommés à des compagnies.

Régiment de Cavalerie légère de Corse.

Le régiment de Cavalerie légère de Corſe, créé par ordonnance du 29 avril 1757, & compoſé de cent cinquante Maîtres montés, en ſix compagnies de vingt-cinq Maîtres chacune, ſera payé, ſavoir;

Compagnies.

Chaque compagnie ſur le pied par jour, de cinq livres au Capitaine, quarante ſols au Lieutenant, vingt ſols au Maréchal-des-logis, huit ſols à chacun des deux Brigadiers, & ſept ſols à chacun des vingt-trois Cavaliers, y compris le Trompette & le Timbalier où il doit y en avoir.

État-major.

L'État-major dudit régiment, ſera payé ſur le pied par jour, de dix livres au Meſtre-de-camp, & huit livres au Lieutenant-colonel, leſquels n'auront point de compagnie; ſix livres ſix livres au Major, trois livres ſix ſols huit deniers à l'Aide-major, vingt ſols à chacun des Aumônier & Chirurgien, & vingt-ſix ſols huit deniers au Porte-bannière.

HUSSARDS.

CHACUN des trois régimens de Huſſards de Berchiny, Turpin & Polleresky, au moyen de l'incorporation qui y a été faite de ceux de Lynden, Beauſobre & Ferrary, en conſéquence de l'ordonnance du 30 octobre 1756, & des augmentations preſcrites par la même ordonnance, compoſé de ſix cens hommes, formant quatre eſcadrons en huit compagnies de ſoixante-quinze hommes chacune, à raiſon de deux compagnies par eſcadron.

Compagnies.

Chacune deſdites huit compagnies par régiment, compoſée d'un Capitaine, un premier Lieutenant, un ſecond Lieutenant, un Cornette, deux Maréchaux-des-logis, un Fourrier, ſix Brigadiers, ſoixante-ſept Huſſards, & un Trompette ou Timbalier où il doit y en avoir, ſera payée ſur le pied par jour, de ſix livres au Capitaine, trois livres au premier Lieutenant, cinquante ſols au ſecond Lieutenant, quarante-cinq ſols au Cornette, vingt-ſix ſols huit deniers à chacun des Maréchaux-des-logis, douze ſols au Fourrier, neuf ſols à chacun des Brigadiers, & ſept ſols à chacun des Huſſards, Trompette & Timbalier.

État-major.

L'État-major de chacun deſdits régimens de Berchiny, Turpin & Pollereski, compoſé d'un Meſtre-de-camp, d'un Lieutenant-colonel, du Lieutenant-colonel en ſecond provenant de l'incorporation, qui ſera le ſervice en ladite qualité de Lieutenant-colonel en ſecond, & commandera le régiment après le Lieutenant-colonel titulaire; d'un Major, un Aide-major, un Aumônier & un Chirurgien, ſera payé à raiſon de treize livres ſix ſols huit deniers par jour au Meſtre-de-camp, dix livres au Lieutenant-colonel, tant pour leurs appointemens en leurdite qualité, que pour leur tenir lieu de ceux de Capitaine, ne devant point avoir de compagnie; huit livres ſix ſols huit deniers au Lieutenant-colonel en ſecond, huit livres dix ſols au Major, trois livres à l'Aide-major, trente ſols à l'Aumônier, &

treize ſols quatre deniers au Chirurgien, qui a été conſervé à la paix.

Lieutenans-colonels en ſecond de Huſſards, provenant de l'incorporation des régimens ſupprimés.

Entend Sa Majeſté que les Lieutenans-colonels en ſecond deſdits trois régimens de Huſſards, ſoient remplacés à la Lieutenance-colonelle de celui où ils ſont chacun attachés, quand elle viendra à vaquer; & alors la place & les appointemens ci-deſſus de Lieutenant-colonel en ſecond ſeront ſupprimés.

Capitaines réformés à la ſuite des régimens de Huſſards, provenant de l'incorporation.

Les quatre Capitaines les moins anciens des douze qui compoſoient les trois régimens de Huſſards ſupprimés, qui n'ont pû être conſervés comme les huit autres Capitaines, & dont les compagnies ont été incorporées dans les trois régimens reſtés ſur pied, & les Majors deſdits trois régimens de Lynden, Beauſobre & Ferrary, entretenus tous les ſept en qualité de Capitaines réformés à la ſuite des régimens de Berchiny, Turpin & Polleresky, recevront chacun cinq livres d'appointemens par jour; & ce en attendant leur remplacement aux premières compagnies vacantes dans les régimens où ils ſont attachés: Voulant Sa Majeſté qu'ils y ſoient nommés ſuivant leur rang entre eux, & de préférence aux autres Capitaines réformés qui peuvent ſe trouver dans leſdits régimens.

Capitaines reformés aux régimens de Huſſards, autres que ceux ci-deſſus.

Les Capitaines réformés qui étoient à la ſuite des régimens de Lynden, Beauſobre & Ferrary avant l'incorporation, & qui ont été diſtribués dans les régimens de Berchiny, Turpin & Polleresky, & ceux du même grade qui ſe ſont trouvés attachés à ces trois derniers régimens lors de ladite incorporation, ſeront payés à raiſon de trois livres d'appointemens par jour, au lieu du traitement qui leur étoit réglé par l'ordonnance du premier février 1751; & ce juſqu'à ce qu'ils aient été choiſis pour remplir des compagnies.

RÉGIMENT de CAVALERIE des VOLONTAIRES de NASSAU-SAARBRUCK.

LE régiment de Cavalerie allemande des Volontaires de Naſſau-Saarbruck, créé par ordonnance du 18 novembre 1756, & compoſé de trois cens hommes en quatre compagnies de ſoixante-quinze hommes chacune, formant deux eſcadrons à cent cinquante hommes; chaque compagnie commandée par un Capitaine, un Lieutenant en premier, un Lieutenant en ſecond, un Cornette, deux Maréchaux-des-logis, & compoſée d'un Fourrier, ſix Brigadiers, ſoixante-ſept Volontaires à cheval & un Trompette, ſera payée à raiſon par jour, de ſix livres au Capitaine, trois livres au Lieutenant en premier, cinquante ſols au Lieutenant en ſecond, quarante-cinq ſols au Cornette, vingt-ſix ſols huit deniers à chacun des Maréchaux-des-logis, douze ſols au Fourrier, neuf ſols à chaque Brigadier, & ſept ſols à chaque Volontaire, & au Trompette ou Timbalier. *Compagnies.*

L'État-major dudit régiment, compoſé d'un Meſtre-de-camp, un Lieutenant-colonel, un Major, un Aide-major, un Aumônier, un Chirurgien & un Prevôt, ſera payé ſur le pied par jour, de trois livres ſix ſols huit deniers au Prince de Naſſau-Saarbruck, en ſa qualité de Meſtre-de-camp, indépendamment de ſes appointemens de Capitaine de la première des quatre compagnies dudit régiment; de dix livres au Lieutenant-colonel, tant pour ſes appointemens en cette qualité, que pour lui tenir lieu de ceux de Capitaine, ne devant point avoir de compagnie; huit livres dix ſols au Major, trois livres à l'Aide-major, trente ſols à l'Aumônier, treize ſols quatre deniers au Chirurgien, & vingt ſols au Prevôt. *État-major.*

CHACUN des ſeize régimens de Dragons, mis par ordonnance du 18 août 1755, à quatre eſcadrons de cent ſoixante hommes chacun, en quatre compagnies de quarante Dragons montés, faiſant en total ſix cens quarante hommes par régiment, recevront leurs appointemens & ſolde, ſavoir; chacune des ſeize compagnies de chaque régiment, compoſée d'un Capitaine, un Lieutenant, un Cornette dont il ſera ci-après parlé, un Maréchal-des-logis, deux Brigadiers, trente-ſept Dragons & un Tambour, ſera payée à raiſon par jour, de quatre livres dix ſols au Capitaine, quarante ſols au Lieutenant, vingt ſols au Maréchal-des-logis, ſept ſols ſix deniers à chaque Brigadier, & ſix ſols ſix deniers à chaque Dragon & au Tambour. *DRAGONS* *Compagnies.*

Cornettes. Le Cornette établi par ordonnance du 5 janvier 1757, en chaque compagnie, à la réserve de la compagnie Générale du régiment Colonel général des Dragons, & de la compagnie du Mestre-de-camp général desdits Dragons, en chacune desquelles il y en a un en charge, recevra trente sols par jour d'appointemens.

Officiers en charge dans les régimens du Colonel & Mestre-de-camp général des Dragons. Le Sous-lieutenant & le Cornette entretenus dans la compagnie Générale du Colonel général des Dragons, & le Cornette aussi entretenu dans la compagnie Mestre-de-camp du régiment Mestre-de-camp général desdits Dragons, seront payés à raison par jour, de trente-trois sols quatre deniers au Sous-lieutenant, & de trente sols à chaque Cornette.

État-major. L'État-major de chaque régiment, sera payé à raison par jour de dix livres au Mestre-de-camp, huit livres six sols huit deniers au Lieutenant-colonel, tant pour leurs appointemens en leurdite qualité, que pour leur tenir lieu de ceux de Capitaine, ne devant point avoir de compagnie; cinq livres au Major, dont dix sols de supplément; trois livres à l'Aide-major, dont dix sols de supplément, & trente sols à l'Aumônier.

Seconds Aides-majors. Sa Majesté ayant jugé nécessaire au bien de son service, d'entretenir un Aide-major en second dans les régimens de Dragons, Elle entend que ceux des Aides-majors des compagnies, qui étoient ci-devant à pied, & qui ont été conservés pour faire les fonctions d'Aides-majors en second dans lesdits régimens, lesquels s'y trouvent exister, continuent de remplir des places d'Aides-majors en second; & que dans les régimens où il ne reste qu'un Aide-major, il soit incessamment pourvû à la place d'Aide-major en second : Sa Majesté a réglé en même temps que lesdits Aides-majors en second, seront payés sur le pied de trois livres chacun par jour; savoir, ceux qui existent, à commencer du premier janvier; & ceux qui en conséquence de la présente ordonnance, seront nommés à ces places, à compter du premier mars seulement, en passant présens aux revûes des Commissaires des guerres.

Le

Le ſieur Marquis de Pons, Meſtre-de-camp-Lieutenant en ſecond du régiment de Dragons d'Orléans, recevra, à commencer du premier janvier de la préſente année, cent ſoixante-ſix livres treize ſols quatre deniers par mois, pour ſes appointemens en ladite qualité, en paſſant préſent aux revûes des Commiſſaires des guerres.

Meſtre de-camp en ſecond du régiment de Dragons d'Orléans.

Le Colonel & le Meſtre-de-camp-général des Dragons, qui conſervent chacun leur compagnie, continueront de recevoir, indépendamment de leurs appointemens de Capitaine, les dix livres par jour qui leur ſont attribuées en qualité de Meſtre-de-camp.

Le Capitaine qui commandoit les quatre compagnies à pied de chaque régiment de Dragons, & qui a paſſé à une des compagnies à pied, après leur décompoſition, pour en former une de celles remontées & augmentées par ladite ordonnance du 18 août 1755, continuera de recevoir, indépendamment de ſes appointemens de Capitaine, deux livres trois ſols quatre deniers par jour, à titre de ſupplément d'appointemens, juſqu'à ce qu'il paſſe à un autre grade dont le traitement ne ſera point inférieur, & celui qui lui ſuccèdera à ſa compagnie ne recevra que les appointemens ordinaires de Capitaine.

Anciens Commandans des compagnies à pied de Dragons.

Le régiment de Cavalerie légère des Volontaires de Schomberg, porté par ordonnance du premier du préſent mois de février, à quatre cens quatre-vingts hommes, en ſix brigades de quatre-vingts hommes montés chacune, ſera payé, ſavoir ;

VOLONTAIRES de SCHOMBERG.

Chacune des ſix brigades ſur le pied par jour, de treize livres au Capitaine, y compris vingt ſols de ſupplément ; quatre livres ſeize ſols huit deniers au Capitaine en ſecond, trois livres ſix ſols huit deniers au Lieutenant en premier, deux livres treize ſols quatre deniers au Lieutenant en ſecond, quarante-cinq ſols au Cornette, trente ſols à chacun des deux Maréchaux-des-logis, huit ſols à chacun des quatre Brigadiers, ſept ſols à chacun des quatre Sous-Brigadiers, ſix ſols à chacun des ſoixante-dix Volontaires, & dix ſols à chaque Trompette.

Brigades.

X

État-major.

L'État-major dudit régiment, sera payé sur le pied par jour, de trente-neuf livres six sols huit deniers au Mestre-de-camp, qui n'aura point de compagnie; treize livres au Major, cinq livres dix sols à l'Aide-major, quarante-trois sols quatre deniers à l'Auditeur, pareils quarante-trois sols quatre deniers à l'Aumônier, trois livres au Chirurgien-major, trente sols au Maréchal-des-logis tenant lieu de Fourrier, quarante sols au Prevôt, & pareils quarante sols au Timbalier & à chacun des quatre Hautbois, vingt-six sols huit deniers au maître Charpentier, & vingt-trois sols quatre deniers à chacun des six Charpentiers.

Appointemens du Lieutenant-colonel du régiment de Schomberg.

Sa Majesté ayant jugé à propos de régler par une décision particulière du 16 mars 1757, qu'à compter dudit jour il seroit retenu en faveur & pendant la vie du sieur Lefort, ci-devant Lieutenant-colonel du régiment des Volontaires de Schomberg, la somme de trois mille livres par an sur les appointemens de la Lieutenance-colonelle, Elle auroit consenti en même-temps à ce que le sieur de Cholet, qui lui a succédé dans cette charge, conservât la brigade qu'il avoit dans ledit régiment; à l'effet de quoi Elle ordonne que cette somme de trois mille livres sera prélevée sur les six mille deux cens quarante livres d'appointemens par an, attachées à ladite charge de Lieutenant-colonel, & payée, à compter dudit jour 16 mars 1757, au sieur Lefort, sur les ordres particuliers que Sa Majesté fera expédier à cet effet.

Et que tant que cette retenue aura lieu, ledit sieur de Cholet ne reçoive que neuf livres par jour pour ses appointemens de Lieutenant-colonel, indépendamment de son traitement de Capitaine chef de brigade, dont lui & ses successeurs en ladite charge de Lieutenant-colonel, jouiront jusqu'à ce que ladite retenue cesse, son intention étant qu'alors lesdits appointemens soient rétablis à dix-sept livres six sols huit deniers par jour, & que ceux qui rempliront cette charge les reçoivent sur ce pied, en observant qu'ils ne devront plus avoir de brigade, conformément à l'ordonnance du 8 janvier 1751.

Au moyen du traitement réglé ci-dessus aux Capitaines chefs de brigade, Sa Majesté entend qu'ils ne puissent rien retenir sur la solde des Brigadiers, Sous-Brigadiers, Trompettes & Volontaires, soit pour le ferrage des chevaux ou quelque autre chose que ce soit, qui demeurera à la charge desdits Capitaines : Ordonne Sa Majesté qu'ils soient tenus de fournir par année, à chacun des hommes de leur brigade, une paire de souliers, deux chemises, un col, & ce qu'il a été d'usage jusqu'à présent de leur donner, indépendamment de leur solde.

Veut Sa Majesté que les appointemens des Cornettes établis en chaque Brigade, ainsi que ceux des Maréchaux-des-logis & des hommes mis d'augmentation dans lesdites brigades, & le fourrage des chevaux desdites augmentations, ne commencent à avoir lieu que du premier mars de la présente année, en passant présens aux revûes des Commissaires des guerres.

Supplément de paye au Fourrier établi dans les compagnies de Cavalerie françoise & étrangère.

Sa Majesté voulant qu'il soit entretenu dorénavant un Fourrier en chacune des compagnies de ses régimens de Cavalerie françoise, des cinq brigades du régiment Royal-des-Carabiniers, & de chacun des régimens de Filtzjames, Royal-Allemand, Wirtemberg, Nassau & Raugrave, & deux Fourriers en chacune des six brigades des Volontaires de Schomberg, son intention est que ces Fourriers, qui seront choisis & feront partie des Cavaliers des compagnies & brigades, sans en augmenter le nombre, soient établis & reçoivent, à commencer du premier avril prochain, en passant présens aux revûes des Commissaires des guerres, un supplément de paye par jour, savoir, de cinq sols dans les régimens de Cavalerie françoise, Royal-Allemand, Wirtemberg, Nassau & Raugrave; de cinq sols six deniers dans le régiment Royal-des-Carabiniers, de trois sols dans celui de Filtzjames, & de quatre sols six deniers dans les Volontaires de Schomberg.

Veut aussi Sa Majesté que les quatre Carabiniers que

ſont en chacune des compagnies des cinquante-cinq régimens de Cavalerie françoiſe & des régimens étrangers de Filtzjames, Royal-Allemand, Wirtemberg, Naſſau-Saarbruck & Raugrave, & les quatre plus anciens Carabiniers de chacune des compagnies des cinq brigades du régiment Royal-des-Carabiniers, jouiſſent d'un ſupplément de paye de ſix deniers chacun par jour, dont le décompte leur ſera fait à commencer du premier janvier de cette année.

Maſſe de la Cavalerie, Huſſards, Dragons & Volontaires.

Il ſera donné, outre la ſolde ci-deſſus, qui ſera payée ſans aucun retranchement, douze deniers par jour, dont deux deniers de ſupplément pour chaque Brigadier, Fourrier, Cavalier, Carabinier, Huſſard, Volontaire, Dragon, Trompette, Timbalier & Tambour, dont le fonds reſtera entre les mains du Tréſorier, pour compoſer une Maſſe toûjours complète, deſtinée à l'habillement deſdites troupes; de laquelle le Tréſorier donnera ſes reconnoiſſances à la fin de l'année, au Major ou autre Officier chargé du détail deſdits régimens & brigades, l'une à titre de Groſſe Maſſe, ſur le pied de huit deniers par Brigadier, Fourrier, Cavalier, Carabinier, Huſſard, Volontaire, Dragon, Trompette, Timbalier & Tambour; & l'autre à titre de Petite Maſſe, pour les quatre deniers reſtans: laquelle Maſſe ſera payée ſur la main-levée du Directeur ou Inſpecteur général dans le département duquel leſdits régimens, brigades ou compagnies ſe trouveront, viſée des Colonels généraux de la Cavalerie & des Dragons.

Maſſe du régiment de Raugrave.

L'intention de Sa Majeſté eſt que la Maſſe du régiment de Cavalerie Liégeoiſe de Raugrave, commence à courir du premier janvier de cette année, ſur le pied du complet par compagnie, ſuivant ſa nouvelle compoſition, à raiſon de douze deniers par jour pour chaque Fourrier, Brigadier, Volontaire, Trompette ou Timbalier.

Augmentations de traitement aux Officiers de Cavalerie,

Sa Majeſté voulant faire participer les Officiers de ſes régimens de Cavalerie françoiſe & étrangère, de Carabiniers, Huſſards & Dragons, aux augmentations de traitement

traitement qu'Elle a accordé à ceux de ſon Infanterie, Elle a jugé à propos de leur donner ces augmentations, ſous les différens titres ci-après expliqués, ſavoir.

Carabiniers, Huſſards & Dragons.

GRATIFICATIONS ANNUELLES attachées au rang des Capitaines & aux charges des Majors & Aides-majors, qui en jouiront à commencer du premier janvier de cette année.

Au premier Capitaine de chacun des cinquante-cinq régimens de Cavalerie françoiſe, de celui de Filtzjames, des régimens Royal-Allemand, Wirtemberg, Naſſau & Raugrave-Liégeois & des régimens de Huſſards, y compris celui des Volontaires de Naſſau, la ſomme de quatre cens livres.

Au ſecond Capitaine de chacun deſdits régimens, la ſomme de trois cens livres.

Aux Majors de chacun des cinquante-cinq régimens de Cavalerie françoiſe, & de celui de Filtzjames, la ſomme de cent quarante livres, indépendamment de la gratification de cinq cens livres attachée à ſa charge; & à l'Aide-major, deux cens vingt livres.

A chacun des Aides-majors des régimens Royal-Allemand, Wirtemberg, Naſſau & Raugrave, des trois régimens de Huſſards, & de celui des Volontaires de Naſſau, la ſomme de trois cens vingt livres.

A chacun des cinq Meſtres-de-camp commandant les cinq brigades du régiment Royal-des-Carabiniers, la ſomme de ſix cens livres, comme premier Capitaine, indépendamment de la gratification de mille livres dont il jouit en ladite qualité de Meſtre-de-camp.

A chacun des cinq Lieutenans-colonels deſdites brigades, la ſomme de cinq cens livres, comme ſeconds Capitaines, indépendamment de la gratification de huit cens livres dont il jouit en ladite qualité de Lieutenant-colonel.

Au Capitaine de la troiſième compagnie de chacune

desdites brigades, la somme de quatre cens livres, indépendamment de la gratification de cinq cens livres dont il jouit comme tous les Capitaines du régiment.

Au Major de chacune desdites brigades, la somme de cent quatre-vingt livres, indépendamment de la gratification de six cens livres attachée à sa charge.

Quant aux Aides-majors ils continueront de jouir de la gratification de trois cens livres attachée à leur charge.

DRAGONS.

Au premier Capitaine de chacun des seize régimens de Dragons, la somme de trois cens livres.

Au second Capitaine de chacun desdits régimens, la somme de deux cens livres.

Et au premier & second Aide-majors de chacun desdits régimens, la somme de cent vingt livres.

A l'égard des Majors, Sa Majesté leur ayant accordé par la présente ordonnance, un supplément d'appointement, ils continueront de jouir sans augmentation, de la gratification de quatre cens livres attachée à leur charge.

PLACES D'USTENSILE.

Deux places d'ustensile d'augmentation à chaque Capitaine de toutes les troupes à cheval, qui ont part à l'ustensile; pareilles deux places à chaque Lieutenant, une place à chaque Cornette, & une place à chaque Maréchal-des-logis, & la distribution en sera faite ainsi qu'il est expliqué ci-après à l'article de l'ustensile.

SUPPLÉMENT D'APPOINTEMENS aux Majors & Aides-majors de Cavalerie françoise, & du régiment de Filtzjames.

Les Majors & Aides-majors des cinquante-cinq régimens de Cavalerie françoise & du régiment Irlandois de Filtzjames, jouiront en tout temps, paix ou guerre, du supplément d'appointemens de deux cens livres à chaque Major, & de cent livres à chaque Aide-major, qu'ils avoient ſeulement pendant la paix, & dont ils étoient payés par des ordres particuliers.

REMONTE.

La remonte qui étoit ci-devant payée en temps de guerre aux Capitaines des régimens de Cavalerie & de Dragons, ſur le pied de huit cens livres par compagnie de quarante chevaux dans la Cavalerie, ſera augmentée de quatre cens livres pour la porter à douze cens livres; & celle des Dragons qui étoit pareillement de huit cens livres par compagnie de quarante chevaux, ſera augmentée de deux cens quarante livres pour la porter à mille quarante livres.

Les compagnies des régimens de Huſſards & celles à cheval des Troupes légères, auront l'augmentation de remonte, ſuivant leur compoſition dans la proportion de celle ci-deſſus réglée pour les Dragons.

Défenſes de faire aucune avance aux Troupes.

Veut & ordonne Sa Majeſté qu'il ne ſoit fait aucune avance aux Troupes, ſous quelque raiſon & pour quelque prétexte que ce puiſſe être; défendant Sa Majeſté aux Intendans des provinces de ſon royaume, & aux Commiſſaires des guerres, de donner aucun ordre à cet effet, & aux Commis de l'Extraordinaire des guerres, de ne rien payer aux Troupes au-delà de ce qui leur eſt réglé par la préſente ordonnance, à peine d'en répondre en leur propre & privé nom; Sa Majeſté dérogeant pour raiſon deſdites avances, à ce qui eſt porté par ſes ordonnances des premier & 3 juillet 1749, premier & 3 décembre 1750 & premier janvier 1752: permettant ſeulement Sa Majeſté auxdits Intendans & Commiſſaires des guerres, d'expédier des ordres pour faire donner des guêtres & des ſouliers à des recrues, dans un cas de néceſſité indiſpenſable dont ils ſe rendront certains, & il ne pourra être donné d'argent à cet effet, qu'à l'Officier, Sergent ou Soldat, chargé de la conduite de la recrue, qui ſera muni d'un billet de l'Officier chargé du détail du régiment, juſtifiant le corps où il ſert, & la ſignature de ce billet sera certifiée par le Trésorier du lieu où sera la troupe.

Revûe des Commissaires des guerres tous les deux mois.

Les Commissaires des guerres continueront de faire leurs revûes tous les deux mois aux troupes, & d'en envoyer, dans le courant du mois qui suivra celui où ils les auront faites, des extraits au Secrétaire d'État ayant le département de la guerre; & ils en remettront en même temps de pareilles expéditions à l'Intendant de la Province, au Trésorier de la Place, ainsi qu'aux Munitionnaires des vivres & autres fournisseurs.

Décompte des payes de gratification pendant le temps de la marche des troupes par étape.

Sa Majesté ayant été informée qu'il y auroit eu quelque difficulté pour le décompte des payes de gratification pendant le temps que les troupes marchent par étape; & voulant y pourvoir, Elle ordonne que ce décompte soit fait par les Commis de l'Extraordinaire des guerres, pour le temps que la troupe aura été en route, sur la revûe de l'arrivée de cette troupe au lieu de sa destination, & sur le pied réglé par les précédentes ordonnances.

Prest des Cavaliers, Carabiniers, Hussards & Dragons.

Sa Majesté jugeant nécessaire qu'il reste à la fin de chacun des douze mois de l'année, quelque argent aux Cavaliers, Carabiniers, Hussards & Dragons, pour s'entretenir de linge, culotte, bas & souliers: Et voulant que les choses demeurent réglées entre les Capitaines & lesdits Cavaliers, Carabiniers, Hussards & Dragons, de manière qu'il n'y ait aucune difficulté sur le décompte à faire entr'eux; Sa Majesté ordonne que chaque Cavalier & Hussard touche six sols par jour pour sa subsistance, chaque Carabinier sept sols, chaque Cavalier du régiment Irlandois de Filtzjames, huit sols, & chaque Dragon cinq sols six deniers, sur lesquels il sera tenu d'entretenir le ferrage de son cheval; que le sol de surplus restera entre les mains du Major, de l'Aide-major, ou Officier chargé du détail de chaque corps, qui leur délivrera tous les trois mois les quatre livres dix sols à quoi cela montera, après avoir examiné s'ils sont fournis de linge, culotte, bas & souliers; & s'ils en manquoient, il leur

leur en fera faire l'emplette sur ce fonds, & leur remettra exactement le restant s'il s'en trouve.

Entend Sa Majesté ne point comprendre dans cette disposition le régiment de Cavalerie des Volontaires de Schomberg, dont les Brigadiers, Sous-brigadiers & Volontaires doivent recevoir leur solde sans aucune déduction.

X V.

OFFICIERS RÉFORMÉS

DANS LES PROVINCES.

LES Colonels & Lieutenans-colonels réformés d'Infanterie françoise, qui par l'ancienneté de leurs services doivent avoir des appointemens, continueront d'en être payés dans les provinces, sur les états & ordres qui seront expédiés à cet effet, sur le pied de neuf cens livres par an à chaque Colonel, & de sept cens livres à chaque Lieutenant-colonel.

Colonels & Lieutenans-colonels d'Infanterie françoise.

Les Mestres-de-camp & Lieutenans-colonels réformés de Cavalerie, retirés dans les provinces, auxquels Sa Majesté a accordé des appointemens, continueront d'en être payés sur les états & ordres qui seront expédiés à cet effet.

Mestres-de-camp & Lieutenans-colonels de Cavalerie françoise.

Les Mestres-de-camp & Lieutenans-colonels réformés de Dragons, qui doivent avoir aussi des appointemens par l'ancienneté de leurs services, seront payés dans leur province, suivant les états & ordres qui seront envoyés, sur le pied de deux mille livres par an à chaque Mestre-de-camp qui a eu un régiment, mille livres à chacun des autres, & six cens livres à chaque Lieutenant-colonel.

Mestres-de-camp & Lieutenans-colonels de Dragons.

Les Officiers réformés, tant d'Infanterie que de Cavalerie & de Dragons, entretenus dans les Places en qualité de Partisans, seront payés en passant présens aux revûes, des appointemens qui leur ont été réglés suivant les états & ordres signés du Secrétaire d'État ayant le département de la guerre.

Officiers réformés, Partisans d'Infanterie, Cavalerie & Dragons, entretenus dans les Places.

Les Capitaines & Lieutenans réformés d'Infanterie, de

Capitaines &

Lieutenans réformés d'Infanterie, de Cavalerie & de Dragons, renvoyés dans leur province.

Cavalerie & de Dragons, ci-devant attachés à la ſuite des régimens, ou entretenus à la réſidence des Places, qui ont été renvoyés dans leur province, continueront d'y être payés de leurs appointemens, ſur les états qui ſeront envoyés tous les ſix mois aux Intendans deſdites provinces, ainſi qu'il s'eſt pratiqué par le paſſé.

XVI.

FOURRAGE.

LES Officiers des régimens & corps de troupes, tant d'Infanterie Françoiſe, Suiſſe, Allemande, Italienne, Irlandoiſe & Écoſſoiſe, que de la Gendarmerie, Cavalerie françoiſe & étrangère, Carabiniers, Huſſards, Dragons, & de Troupes légères, qui ſerviront dans les armées, commenceront à avoir du fourrage d'hiver, à compter de l'époque qui en ſera fixée, juſqu'au temps que leſdites troupes ſe mettront en campagne, ſur le pied ci-après expliqué.

Compoſition de la ration de fourrage d'Infanterie.

La ration de fourrage d'Infanterie Françoiſe, Suiſſe, Allemande, Italienne, Irlandoiſe & Écoſſoiſe, & Troupes légères à pied, ſera compoſée de douze livres de foin & de huit livres de paille, ou de ſeize livres de foin ſans paille où il n'y en aura point, & d'un demi-boiſſeau d'avoine, meſure de Paris; & il en ſera délivré, ſavoir;

INFANTERIE FRANÇOISE.

Fourrages.

Compagnies.

Pour les Officiers d'Infanterie françoiſe, quatre rations par jour à chaque Capitaine en pied; pareil nombre de quatre rations à chaque Capitaine en ſecond ci-devant en pied, provenant de la réforme de 1748, & qui tient lieu de Lieutenant aux compagnies; & deux rations à chaque Lieutenant, Sous-lieutenant & Enſeigne, même aux Lieutenans en ſecond & Sous-lieutenans que Sa Majeſté a bien voulu conſerver ſans appointemens dans les compagnies de Fuſiliers de ſon régiment d'Infanterie, par ordonnances des 20 février 1749 & 8 novembre

État-major.

1750: Et pour l'État-major, dix rations par jour à chaque Colonel de régiment, ſans compagnie; ſept rations au

Lieutenant-colonel, aussi sans compagnie; six rations au Commandant de chacun des second, troisième & quatrième bataillons, qui n'ont point aussi de compagnie; cinq rations au Major, trois rations à l'Aide-major, une ration à l'Aumônier, & une ration au Prevôt des régimens qui ont Prevôté; les Chirurgiens & Maréchaux-des-logis n'en devant point avoir.

Colonel-lieutenant du régiment du Roi, & Colonels en second.

Au Colonel-lieutenant du régiment d'Infanterie de Sa Majesté, qui conserve sa compagnie, six rations par jour, outre celles qui lui sont attribuées en qualité de Capitaine; huit rations au sieur Chevalier de Beauveau, Colonel en second du régiment des Gardes de Lorraine; & pareilles huit rations au Vicomte de Vence, Colonel en second du régiment Royal-Corse.

Officiers réformés d'Infanterie françoise.

A l'égard des Officiers réformés à la suite des régimens d'Infanterie françoise, ils auront du fourrage, sur le pied par jour, de six rations à chaque Colonel, quatre rations à chaque Lieutenant-colonel, deux rations à chaque Capitaine, & une ration à chaque Lieutenant.

Corps des Grenadiers de France. Fourrage. État-major.

Pour le corps des Grenadiers de France, quatre rations de fourrage par jour à chaque Capitaine, & deux rations à chaque Lieutenant en premier, Lieutenant en second & Enseigne; & pour les Officiers de l'État-major, douze rations à l'Inspecteur-commandant en chef du corps; dix rations au sieur de Lanjamet, Commandant en second dudit corps; huit rations aussi par jour à chaque Colonel, & sept rations à chaque Lieutenant-colonel, pendant le temps seulement que lesdits Colonels & Lieutenans-colonels seront de service audit corps; cinq rations à chaque Sergent-major, & trois rations à chaque Aide-major.

Royal-Lorraine & Royal-Barrois. Compagnies.

Sa Majesté ayant bien voulu accorder du fourrage *gratis* aux Officiers des régimens de Royal-Lorraine & Royal-Barrois, dans le cas où Elle en fait fournir aux Officiers de ses troupes d'Infanterie, cette fourniture leur sera faite sur le pied par jour, de quatre rations à chaque Capitaine en pied & Capitaine en second, & deux rations à chaque

Lieutenant en premier, Lieutenant en ſecond ou Enſeigne: Et pour l'État-major, dix rations au Colonel, ſept au Lieutenant-colonel, qui ne doivent point avoir de compagnies, cinq rations au Major, trois à l'Aide-major, & une à l'Aumônier & au Prevôt.

État-major.

CORPS ROYAL de l'ARTILLERIE & du GÉNIE. Fourrage. Compagnies de Sappeurs, Canonniers & Bombardiers. État-major.

Pour le Corps Royal de l'Artillerie & du Génie, les Officiers de chacune des compagnies des Sappeurs, Canonniers & Bombardiers, recevront du fourrage ſur le pied par jour, ſavoir, de quatre rations à chacun des Capitaine en premier & Capitaine en ſecond, & deux rations à chacun des premier Lieutenant, Lieutenant en ſecond, & Sous-lieutenant. A l'égard des Officiers de l'État-major de chaque bataillon, le fourrage leur ſera délivré à raiſon par jour, de dix rations au Colonel-commandant qui n'aura point de compagnie, ſept rations au Lieutenant-colonel, auſſi ſans compagnie; cinq rations au Major, trois rations à l'Aide-major, deux rations au Sous-aide-major, & une ration à l'Aumônier.

Compagnies de Mineurs.

Chaque compagnie de Mineurs aura du fourrage pour les Officiers, ſur le pied par jour, de quatre rations au Capitaine, & pareil nombre de quatre rations au Capitaine en ſecond; & deux rations à chacun des premier Lieutenant, Lieutenant en ſecond & Sous-lieutenant.

Compagnies d'Ouvriers.

Et chaque compagnie d'Ouvriers du même corps de Royal-Artillerie & du Génie, à raiſon par jour, de quatre rations au Capitaine, & deux rations à chacun des premier & ſecond Lieutenans & au Sous-lieutenant.

MILICES. Fourrage.

Ceux des Officiers des régimens de Grenadiers-royaux & des cent cinq bataillons de Milices des provinces du royaume, que Sa Majeſté voudra, dans le cas de guerre, faire camper & ſervir en campagne dans ſes armées, auxquels Elle jugera à propos d'accorder du fourrage d'hiver, dont Sa Majeſté fixera l'époque que leſdits Officiers commenceront à en avoir, comme il eſt dit à l'article de l'Infanterie françoiſe, le recevront, ſur le pied par jour, ſavoir;

RÉGIMENS de GRENADIERS ROYAUX.

Pour les Officiers des régimens de Grenadiers-royaux, à raiſon de quatre rations à chacun des Capitaines de Grenadiers

Grenadiers & de Grenadiers-poſtiches, deux rations à chacun des premier & ſecond Lieutenans de Grenadiers, pareille quantité de deux rations à chaque Lieutenant de Grenadiers-poſtiches, & à chacun des deux ſeconds Lieutenans qui ont été établis par l'ordonnance du 5 décembre 1756, aux Grenadiers-poſtiches des deux premières compagnies de chacun deſdits régimens de Grenadiers-royaux, pour porter les drapeaux.

Compagnies de Grenadiers & de Grenadiers-poſtiches.

Pour les Officiers des compagnies de Fuſiliers de chaque bataillon de Milice, à raiſon par jour, de trois rations de fourrage à chaque Capitaine, & deux rations à chaque Lieutenant.

Compagnies de Fuſiliers des bataillons de Milice.

A l'égard des Officiers de l'État-major de chacun des régimens de Grenadiers-royaux, ils recevront du fourrage, à raiſon par jour, de dix rations à chaque Colonel qui ne doit point avoir de compagnie; ſept rations au Lieutenant-colonel, auſſi ſans compagnie; cinq rations au Major, & trois rations à l'Aide-major de chaque bataillon.

État-major des régimens de Grenadiers-royaux.

Les Officiers de l'État-major de chacun des régimens de Polignac & de Montureux, des Milices de Lorraine & de Bar, recevront du fourrage ſur le pied par jour, de dix rations au Colonel qui ne doit point avoir de compagnie, cinq rations au Major attaché au premier bataillon, ſix rations au Commandant du ſecond bataillon, & trois rations à l'Aide-major dudit ſecond bataillon.

État-major des deux régimens de Milices de Lorraine.

Et à l'État-major des cent un autres bataillons de Milice, ſur le pied par jour, ſavoir, de ſept rations au Commandant de bataillon qui aura le titre de Lieutenant-colonel, & ſeulement ſix rations au Commandant qui ne ſera point Lieutenant-colonel, & trois rations à l'Aide-major de chaque bataillon.

État-major des cent un autres bataillons de Milice.

Sa Majeſté ayant bien voulu accorder le fourrage *gratis* aux Officiers des régimens d'Infanterie Suiſſe & Griſonne qui ſont à ſon ſervice, dans le cas où ces régimens ſerviroient dans les armées, & qu'Elle en fera fournir aux Officiers de ſon Infanterie françoiſe, ſon intention eſt que cette fourniture leur ſoit faite en paſſant préſens

INFANTERIE SUISSE & GRISONNE. Compagnies.

aux revûes des Commiſſaires des guerres, ſur le pied par jour, de quatre rations au Capitaine titulaire, ou en ſon abſence au Capitaine-commandant; pareilles quatre rations au Capitaine-lieutenant, & deux rations à chacun des Lieutenans, Sous-lieutenans & Enſeignes.

État-major. Et pour l'État-major, ſix rations au Colonel, trois au Lieutenant-colonel, & deux au Commandant du ſecond bataillon, indépendamment de celles qui leur ſont attribuées comme Capitaines; cinq rations au Major, trois à chaque Aide-major, & une à chacun des Aumônier & Prevôt.

INFANTERIE ALLEMANDE. Les Officiers des régimens d'Infanterie Allemande, ceux des régimens de Boüillon, Royal-Deux-Ponts, de Vierzet & d'Horion, créés ſur le pied étranger, recevront auſſi le fourrage *gratis* dans le cas où ces régimens ſerviroient dans les armées, & que Sa Majeſté en fera fournir aux Officiers de ſon Infanterie françoiſe, ſur le pied par jour, *Compagnies.* de quatre rations au Capitaine en pied, pareilles quatre rations au Capitaine en ſecond, & deux rations à chacun des Lieutenant en premier, Lieutenant en ſecond, & Sous-lieutenant ou Enſeignes.

État-major. Et pour l'État-major, ſix rations au Colonel, trois au Lieutenant-colonel, deux au Commandant de bataillon, indépendamment des rations qui leur ſont attribuées comme Capitaines; cinq rations au Major, trois à chaque Aide-major, & une à chacun des Aumônier & Prevôt.

Colonel en ſecond du régiment de Boüillon. Le Colonel en ſecond du régiment de Boüillon, recevra huit rations de fourrage par jour.

INFANTERIE ITALIENNE, IRLANDOISE & ÉCOSSOISE. Fourrage. Compagnies. Les Officiers des compagnies & État-major des régimens d'Infanterie Italienne, Irlandoiſe & Écoſſoiſe, auront du fourrage, ſur le pied par jour, ſavoir, de quatre rations à chaque Capitaine en pied & à chacun des Capitaines en ſecond attachés aux compagnies comme ſecond Officier; quatre rations au Capitaine de Grenadiers réformé, ci-devant en pied & attaché au régiment Royal-Italien; pareille quantité de quatre rations à chaque Capitaine en ſecond, ci-devant en pied dans le régiment d'Infanterie écossoise d'Albanie, & entretenus dans ceux de Royal-Écossois & d'Ogilvy, aussi d'Infanterie écossoise; & deux rations à chaque Lieutenant en premier, Lieutenant en second, Sous-lieutenant & Enseigne.

État-major.

Pour le fourrage des Officiers de l'État-major de chacun desdits régimens d'Infanterie Italienne, Irlandoise & Écossoise, il leur sera délivré sur le pied par jour, de dix rations à chaque Colonel, sept rations à chaque Lieutenant-colonel, lesquels Colonels & Lieutenans-colonels ne doivent point avoir de compagnie; cinq rations à chaque Major, trois rations à chaque Aide-major, une ration à chacun des Aumôniers, & une ration au Prevôt qui est en chacun des régimens Royal-Italien, Royal-Corse, & de ceux de Rothe & Berwick d'Infanterie irlandoise.

Officiers réformés à la suite de l'Infanterie Suisse & Grisonne, & d'Infanterie étrangère.

A l'égard des Officiers réformés à la suite desdits régimens d'Infanterie Suisse & Grisonne & d'Infanterie étrangère, ils auront du fourrage, à raison par jour, de six rations à chaque Colonel, quatre rations à chaque Lieutenant-colonel, deux rations à chaque Capitaine, & une ration à chaque Lieutenant.

Veut Sa Majesté qu'il soit fourni une ration de fourrage de Cavalerie par jour, pour la nourriture de chacun des trois chevaux destinés au service des pièces de canon à la Suédoise en chacun des bataillons d'Infanterie françoise & étrangère, & des Troupes légères qui servent dans ses armées.

Et qu'il soit pareillement fourni une ration de fourrage de Cavalerie par jour, pour la nourriture de chacun des chevaux ordonnés pour porter les tentes des Soldats en chacun des bataillons d'Infanterie françoise, de ceux du Corps royal de l'Artillerie & du Génie, & des compagnies de Mineurs & d'Ouvriers seulement qui serviront aussi dans ses armées.

Composition de la ration de fourrage de la Cavalerie & des Dragons.

La ration de fourrage des troupes de la Gendarmerie, Cavalerie françoise & étrangère, Carabiniers, Hussards, Dragons & Troupes légères à cheval, sera composée de quinze livres de foin & de cinq livres de paille, ou de dix-huit livres de foin fans paille où il n'y en aura point, & des deux tiers du boiffeau d'avoine mefure de Paris, dont les vingt-quatre boiffeaux font le fetier de ladite mefure.

Fourrage de la Gendarmerie, Cavalerie & Dragons, pour la nourriture des chevaux de compagnies.

L'intention de Sa Majefté eft qu'il foit fourni une ration de fourrage par jour à chaque cheval de Gendarme & de Chevau-léger de la Gendarmerie, & de chaque Brigadier, Sous-brigadier, Fourrier, Carabinier, Cavalier, Huffard, Dragon, Volontaire, Chaffeur, Timbalier, Trompette & Tambour des compagnies à cheval, les Officiers ne devant avoir qu'une ration chacun, en temps de paix, ainfi qu'il fera expliqué ci-après, en fe conformant à ce qui eft prefcrit par l'article IV de l'ordonnance du 3 juillet 1749, tant pour les Troupes qui doivent être fournies en nature des magafins établis à cet effet, que pour celles qui fe trouveront dans le cas d'avoir la difpofition de leurs fourrages; laquelle fourniture de fourrage auxdites Troupes ne doit avoir lieu que pour le nombre de chevaux préfens & effectifs aux revûes des Commiffaires des guerres.

Et le cas de guerre arrivant, ainfi qu'il eft dit ci-deffus, les Officiers defdites troupes de Gendarmerie, Cavalerie françoife & étrangère, Carabiniers, Huffards, Dragons, & de Troupes légères à cheval, que Sa Majefté feroit fervir en campagne dans fes armées, recevront le fourrage d'hiver, à commencer du jour qu'Elle leur fixera, fur le pied ci-après, par jour, favoir:

GENDARMERIE.

Fourrage.

Compagnies de Gendarmes.

Les grands Officiers des dix compagnies de Gendarmes de la Gendarmerie ne devant point avoir de fourrage, il en fera feulement fourni deux rations à chaque Maréchal-des-logis defdites compagnies.

Compagnies de Chevaux-légers.

Les Officiers des fix compagnies des Chevaux-légers de ladite Gendarmerie, recevront le fourrage, à raifon par jour, de dix rations à chaque Capitaine-lieutenant, quatre rations à chaque Sous-lieutenant, trois rations à chaque Cornette, & deux rations à chaque Maréchal-des-logis.

Et

Et pour les Officiers de l'État-major de ladite Gendarmerie, douze rations par jour au Major, huit rations à l'Aide-major, six rations à chacun des deux Sous-aides-majors, deux rations à chacun des deux Aumôniers, & une ration au Chirurgien.

État-major de la Gendarmerie.

Pour les régimens de Cavalerie françoise, celui de Filtzjames Irlandois, & celui de Raugrave de Cavalerie Liégeoise, six rations de fourrage par jour à chaque Capitaine, quatre rations à chaque Lieutenant, pareille quantité de quatre rations au Sous-lieutenant qui est en la compagnie Colonelle du régiment du Colonel général de la Cavalerie, trois rations à chaque Cornette, & deux rations à chaque Maréchal-des-logis.

CAVALERIE FRANÇOISE, IRLANDOISE & LIÉGEOISE. Fourrage. Compagnies.

Et pour les Officiers de l'État-major desdits régimens de Cavalerie Françoise, Irlandoise & Liégeoise, six rations aux Mestres-de-camp de chacun des régimens du Colonel général, Mestre-de-camp général & Commissaire général de la Cavalerie, qui conservent leur compagnie; & ce en leurdite qualité de Mestres-de-camp, & indépendamment des rations qu'ils reçoivent comme Capitaine; douze rations à chacun des autres Mestres-de-camp, y compris ceux du régiment de Filtzjames & de Raugrave-Liégeois, tant pour leur fourrage en leurdite qualité, que pour leur tenir lieu de celui attribué aux Capitaines, ne devant point avoir de compagnie; dix rations à chaque Lieutenant-colonel desdits régimens, tous aussi sans avoir de compagnie; huit rations à chaque Major, quatre rations à chaque Aide-major, & une ration à l'Aumônier & au Chirurgien de chaque régiment. A l'égard des Capitaines qui ont eu troupe, & qui se sont trouvés dans le cas de la réforme de 1748 & 1749, & sont actuellement entretenus à la suite desdits régimens de Cavalerie françoise, de celui de Filtzjames & de celui de Raugrave, ils auront du fourrage, à raison de six rations par jour à chacun desdits Capitaines réformés de Cavalerie françoise, & du régiment de Filtzjames, en passant présens aux revûes.

État-major de Cavalerie Françoise, Irlandoise & Liégeoise.

Officiers réformés de Cavalerie Françoise & Irlandoise, ci-devant en pied.

Royal-des-Carabiniers. Fourrage. Compagnies. État-major.

Les Officiers du régiment Royal-des-Carabiniers, recevront le fourrage à raison par jour, de six rations à chaque Capitaine, quatre rations à chaque Lieutenant, trois rations à chaque Cornette, & deux rations à chaque Maréchal-des-logis: Et pour l'État-major de chacune des cinq brigades, six rations au chef de brigade, quatre rations au Lieutenant-colonel, outre ce que ces deux Officiers reçoivent en leur qualité de Capitaine d'une compagnie; huit rations au Major, quatre rations à l'Aide-major, & une ration à chacun des Aumônier & Chirurgien, aussi de chaque brigade.

Royal-Allemand, Wirtemberg & Nassau-Saarbruck. Fourrage. Compagnies. État-major.

Pour les régimens Royal-Allemand, Wirtemberg & de Nassau-Saarbruck de Cavalerie allemande, six rations par jour à chaque Capitaine, quatre rations à chaque Lieutenant, trois rations à chaque Cornette, & deux rations à chaque Maréchal-des-logis: Et à l'État-major de chacun desdits régimens, six rations au Mestre-de-camp, & quatre rations au Lieutenant-colonel, indépendamment des rations qu'ils reçoivent chacun comme Capitaine d'une compagnie; huit rations au Major, quatre rations à l'Aide-major, & une ration à chacun des Aumônier & Chirurgien; en observant que les deux Lieutenans-colonels, deux Majors & deux Aides-majors qu'il y a dans le régiment de Royal-Allemand, doivent avoir la même quantité de rations de fourrage ci-dessus réglée pour chacun des Officiers de ces trois grades; dans le régiment Royal-Allemand, deux rations par jour au Maréchal-des-logis dudit régiment, trois rations au Prevôt, deux rations à son Lieutenant, pareille quantité de deux rations au Greffier, & une ration à chacun des quatre Archers & à l'Exécuteur de justice; & dans le régiment de Wirtemberg, une ration à chacun des Auditeur, Greffier, trois Archers & un Exécuteur de justice.

Deux Lieutenans-colonels, deux Majors & deux Aides-majors dans le régiment Royal-Allemand.

Les Officiers du régiment de Cavalerie légère de Corse, recevront le fourrage sur le pied par jour, savoir, de six rations au Capitaine, quatre au Lieutenant, deux au Maréchal-des-logis: Et ceux de l'État-major, à raiſon de douze rations au Meſtre-de-camp, dix au Lieutenant-colonel, leſquels n'ont point de compagnies; huit rations au Major, quatre à l'Aide-major, & une à chacun des Aumônier, Chirurgien & Porte-bannière.

HUSSARDS.
Fourrage.
Compagnies.

Pour les Officiers des régimens de Huſſards, ſix rations par jour à chaque Capitaine, quatre rations au premier Lieutenant, trois rations au ſecond Lieutenant, pareille quantité de trois rations à chaque Cornette, & deux rations à chaque Maréchal-des-logis: Et pour l'État-major, douze rations à chaque Meſtre-de-camp qui ne doit point avoir de compagnie, dix rations au Lieutenant-colonel, auſſi ſans compagnie; huit rations au Lieutenant-colonel en ſecond, provenant de l'incorporation des trois régimens qui ont été ſupprimés par ordonnance du 30 octobre 1756, à raiſon d'un deſdits Lieutenans-colonels en ſecond, entretenu dans chacun des trois régimens de Berchiny, Turpin & Polleresky qui ſont ſur pied; huit rations au Major, quatre rations à l'Aide-major, & une ration à chacun des Aumônier & Chirurgien de chacun deſdits trois régimens.

État-major.

Lieutenans-colonels en ſecond provenant de l'incorporation.

Et à l'égard des quatre Capitaines ci-devant en pied, & des trois Majors, provenant de l'incorporation, & entretenus tous les ſept en qualité de Capitaines réformés à la ſuite des trois régimens qui exiſtent, ils recevront chacun ſix rations de fourrage par jour.

Capitaines réformés provenant de l'incorporation des regimens ſupprimés.

Pour le régiment de Cavalerie des Volontaires de Naſſau-Saarbruck, ſix rations à chaque Capitaine, quatre rations à chaque Lieutenant en premier, trois rations à chaque Lieutenant en ſecond, pareille quantité de trois rations à chaque Cornette, & deux rations à chaque Maréchal-des-logis: Et pour les Officiers de l'État-major, ſix rations au Meſtre-de-camp, indépendamment des ſix rations qu'il reçoit comme Capitaine; dix rations au Lieutenant-colonel qui n'a point de compagnie, huit rations au Major, quatre rations à l'Aide-major, une ration à chacun des Aumônier & Chirurgien, & deux rations au Prevôt.

VOLONTAIRES de NASSAU-SAARBRUCK.
Fourrage.
Compagnies.
État-major.

VOLONTAIRES de SCHOMBERG. Fourrage. Compagnies. Les Officiers du régiment des Volontaires de Schomberg, recevront le fourrage ſur le pied par jour, de ſix rations à chaque Capitaine chef de brigade, quatre rations à chacun des Capitaines en ſecond & Lieutenant en premier, trois rations à chaque Lieutenant en ſecond & Cornette, & deux rations à chaque Maréchal-des-logis: *État-major.* Et pour l'État-major dudit régiment, douze rations au Meſtre-de-camp qui ne doit point avoir de brigade, & quatre rations au Lieutenant-colonel, indépendamment de celles qui lui ſont attribuées comme Chef de brigade; huit rations au Major, quatre rations à l'Aide-major, & une ration à chacun des dix-ſept petits Officiers, qui doivent tous être montés, ſavoir, un Auditeur, un Aumônier, un Maréchal-des-logis, un Chirurgien-major, un Prevôt, un Timbalier, quatre Hautbois, un Maître Charpentier & ſix Charpentiers.

DRAGONS. Fourrage. Compagnies. LES Officiers des compagnies & États-majors des régimens de Dragons, recevront le fourrage, à raiſon par jour, de ſix rations à chaque Capitaine, quatre rations à chaque Lieutenant, pareilles quatre rations au Sous-lieutenant qui eſt en la compagnie Générale du régiment du Colonel général, trois rations à chaque Cornette, & deux *État-major.* rations à chaque Maréchal-des-logis: Et pour l'État-major, ſix rations au Colonel général & au Meſtre-de-camp général des Dragons, qui conſervent chacun leur compagnie; & ce indépendamment des rations qui leur ſont attribuées comme Capitaines; douze rations à chacun des autres Meſtres-de-camp qui n'ont point de compagnie, dix rations à chaque Lieutenant-colonel, auſſi ſans compagnie; huit rations à chaque Major, quatre rations à chacun des premier & ſecond Aides-majors, & une ration auſſi par jour à chaque Aumônier.

Il ſera auſſi fourni du fourrage au ſieur Comte de Roſen, Meſtre-de-camp en ſecond du régiment de Wirtemberg, & au ſieur Marquis de Pons, Meſtre-de-camp en ſecond du régiment de Dragons d'Orléans, ſur le pied par jour, de dix rations à chacun.

Les

Les Officiers réformés qui auront ordre de ſervir à la ſuite des régimens de Cavalerie françoiſe, étrangère, & de Dragons, à l'exception de ceux du régiment de Filtz-james dont il ſera parlé ci-après, recevront le fourrage ſur le pied par jour, de ſix rations à chaque Meſtre-de-camp, pareille quantité de ſix rations à chaque Lieutenant-colonel, quatre rations à chaque Capitaine, & deux rations à chaque Lieutenant.

Officiers réformés de Cavalerie & de Dragons. Fourrage.

Les Officiers réformés qui auront auſſi ordre de ſervir à la ſuite du régiment de Cavalerie de Filtzjames, auront le fourrage à raiſon par jour, de neuf rations à chaque Meſtre-de-camp, huit rations à chaque Lieutenant-colonel, cinq rations à chaque Capitaine, & trois rations à chaque Lieutenant.

Officiers réformés du régiment de Filtzjames. Fourrage.

Les Officiers des compagnies & de l'État-major du corps des Volontaires-royaux, recevront le fourrage ſur le pied par jour, ſavoir, au Capitaine de la compagnie d'Ouvriers, trois rations d'Infanterie, & deux rations au Lieutenant; pour les compagnies de Grenadiers, quatre rations d'Infanterie à chaque Capitaine, & deux rations à chacun des Lieutenant & Lieutenant en ſecond; & pour les compagnies de quatre-vingt-dix hommes, dont cinquante d'Infanterie & quarante Dragons montés, ſix rations de Cavalerie au Capitaine titulaire de chacune deſdites compagnies, trois rations d'Infanterie à chaque Capitaine en ſecond des hommes à pied, & deux rations à chaque Lieutenant; quatre rations à chaque Capitaine en ſecond de Dragons, trois rations à chaque Lieutenant & Cornette, & deux rations à chaque Maréchal-des-logis: Et pour l'État-major, douze rations de Cavalerie par jour au Colonel, qui ne doit point avoir de compagnie; huit rations, auſſi de Cavalerie, au Major; trois rations d'Infanterie à l'Aide-major des troupes à pied, quatre rations de Cavalerie à l'Aide-major de Dragons, & une ration d'Infanterie à chacun des Aumônier, Chirurgien & Prevôt.

TROUPES LÉGÈRES. CORPS des VOLONTAIRES-ROYAUX. Fourrage. Compagnies d'Ouvriers. Compagnies de Grenadiers. Compagnies de quatre-vingt-dix hommes. Capitaine titulaire. Infanterie. Dragons.

POUR les régimens des Volontaires de Flandre & du

VOLONTAIRES

de FLANDRE *& du* HAYNAULT. *Fourrage.*

Capitaine titulaire des compagnies de soixante quinze hommes.

Troupes d'Infanterie.

Troupes à cheval.

État-major.

Haynault, les Officiers de chacune des compagnies de soixante-quinze hommes, dont quarante d'Infanterie & trente-cinq de Cavalerie, recevront le fourrage sur le pied par jour, de six rations de Cavalerie au Capitaine titulaire, trois rations d'Infanterie à chaque Capitaine en second des troupes à pied, & deux rations à chaque Lieutenant & Enseigne; quatre rations de Cavalerie à chaque Capitaine en second des troupes à cheval, trois rations à chaque Lieutenant & Cornette, & deux rations à chaque Maréchal-des-logis: Et pour l'État-major, douze rations de Cavalerie au Colonel; dix rations, aussi de Cavalerie, au Lieutenant-colonel, lesquels ne doivent point avoir de compagnie; huit rations de Cavalerie au Major, quatre rations de Cavalerie à l'Aide-major de Cavalerie, trois d'Infanterie à l'Aide-major des compagnies à pied, & une ration d'Infanterie à chacun des Aumônier & Chirurgien.

RÉGIMENS *des* VOLONTAIRES *du* DAUPHINÉ, *& des* VOLONTAIRES *d'*ALSACE. *Fourrage.*

Compagnies de soixante-dix hommes.

État-major.

LES Officiers des régimens des Volontaires du Dauphiné & des Volontaires d'Alsace, auront le fourrage sur le pied par jour, savoir, de six rations de Cavalerie au Capitaine titulaire de chaque compagnie de soixante-dix hommes; trois rations d'Infanterie à chaque Capitaine en second des troupes à pied, & deux rations à chaque Lieutenant & Enseigne; quatre rations de Cavalerie à chaque Capitaine en second des troupes à cheval; trois rations à chaque Lieutenant & Cornette, & deux à chaque Maréchal-des-logis: Et pour l'État-major de chacun desdits régimens, douze rations de Cavalerie au Colonel, dix rations de Cavalerie au Lieutenant-colonel, lesquels ne doivent point avoir de compagnie; huit rations de Cavalerie au Major, quatre rations, aussi de Cavalerie, à l'Aide-major; & une ration d'Infanterie à chacun des Aumônier & Chirurgien.

RÉGIMENT ROYAL-CANTABRES. *Fourrage.*

Compagnies de soixante-quinze hommes.

LES Officiers du régiment Royal-Cantabres, composé de huit compagnies d'Infanterie de soixante-quinze hommes chacune, recevront le fourrage sur le pied par jour, de quatre rations à chaque Capitaine, trois à chaque Capitaine en second, & deux à chacun des Lieutenans

& Sous-lieutenans: Et pour l'État-major, six rations au Colonel, trois au Lieutenant-colonel, indépendamment de celles qu'ils reçoivent comme Capitaines, cinq rations au Major, trois à l'Aide-major, & une à l'Aumônier. *État-major.*

Chasseurs de Fischer. Fourrage. LES Officiers du corps de Chasseurs de Fischer, recevront le fourrage sur le pied par jour, de trois rations d'Infanterie au Capitaine en second de chacune des compagnies à pied, & deux rations au Lieutenant & Sous-Lieutenant; pour les compagnies à cheval, quatre rations à chaque premier Capitaine en second, trois rations à chaque second Capitaine en second, deux rations à chacun des premier & second Lieutenans, & une ration à chaque Maréchal-des-logis; lesquelles rations de fourrage desdites compagnies à cheval, doivent être de Cavalerie: Et pour l'État-major, douze rations, aussi de Cavalerie, au Commandant du corps, tant en sadite qualité de Commandant, que comme Capitaine en premier des compagnies à pied & à cheval; dix rations de Cavalerie au Lieutenant-colonel sans compagnie, huit rations de Cavalerie au Major, trois rations d'Infanterie à l'Aide-major des compagnies à pied, quatre rations de Cavalerie à l'Aide-major des compagnies à cheval, & une ration à chacun des Aumônier, Chirurgien & Prevôt. *Compagnies à pied. Compagnies à cheval. État-major.*

Compagnie de Fusiliers-guides. Les Officiers de la compagnie des Fusiliers-Guides, composée de vingt-cinq hommes, dont treize à pied & douze à cheval, recevront le fourrage sur le pied de quatre rations de Cavalerie au Capitaine, deux à chacun des Lieutenant & Lieutenant en second.

Sa Majesté ordonne que lesdites fournitures de fourrage soient régulièrement faites à la Gendarmerie, à la Cavalerie, aux Carabiniers, Hussards, Dragons & Troupes légères à cheval, pour la nourriture des chevaux de brigades & de compagnies; & dans le cas de guerre, comme il est dit ci-dessus, aux Officiers, tant de ces corps, que de ceux d'Infanterie, à commencer de l'époque qu'Elle fixera pour le fourrage d'hiver desdits Officiers.

A l'égard des régimens en quartier dans les provinces

& généralités du royaume, auxquels Sa Majesté a laissé la disposition des fourrages, son intention est qu'après l'expiration des cent cinquante jours du quartier d'hiver, les places de fourrage leur soient payées sans aucun bénéfice.

L'intention de Sa Majesté étant que les Officiers de sa Cavalerie, Hussards & Dragons, & des Troupes légères, soient montés en tout temps, & qu'ils n'aient aucun prétexte pour s'en dispenser, Elle veut qu'à commencer du premier avril prochain, il soit fourni une ration de fourrage à chacun desdits Officiers des régimens, qui ne sont point employés aux armées, & qui sont dans le Royaume, ou auxquels il ne devra pas être délivré de fourrage par des raisons particulières; savoir, une ration de fourrage à chacun des Officiers en pied ou réformés, assujétis aux revûes, des régimens de Cavalerie, Carabiniers, Hussards & Dragons, & aux Maréchaux-des-logis desdites troupes, ainsi qu'aux Officiers de l'État-major, à l'exception seulement des Aumôniers & Chirurgiens.

Et à chacun des Officiers de Cavalerie & Dragons, des corps de Troupes légères, y compris pareillement les Maréchaux-des-logis & les Officiers des États-majors, excepté l'Aide-major, qui se trouvera désigné nommément pour le service de l'Infanterie, & les Aumôniers & Chirurgiens desdits corps, ainsi que la Prevôté, lesquels ne doivent point en avoir.

L'intention de Sa Majesté est aussi, qu'il soit fourni une ration de fourrage par jour aux Maréchaux-des-logis des seize compagnies de sa Gendarmerie, ainsi qu'aux Majors, Aides-majors & Sous-aides-majors, lorsque ledit Corps ne sera point aux armées, & que les Officiers n'auront point de fourrage.

Veut Sa Majesté qu'il ne soit délivré aucune ration de fourrage aux Officiers de Gendarmerie, Cavalerie, Carabiniers, Hussards, Dragons & d'Infanterie, qui ne se trouveront pas présens aux revûes, à moins qu'ils ne soient de semestre, ou n'aient un congé par écrit de Sa Majesté, contre-signé du Secrétaire d'État de la guerre : auxquels Officiers

Officiers abſens par ſemeſtre, congé, ou ceux qui obtiendront des reliefs, il ne ſera fourni que la moitié des fourrages qu'ils auroient s'ils avoient été préſens; à l'exception des Colonels, Meſtres-de-camp, Lieutenans-colonels, en pied ou réformés, Commandans de bataillon, & Majors des régimens, qui auront leur fourrage en entier, lorſqu'ils ſe feront abſentés par congé, ou ſur les reliefs qui feront accordés à ceux qui n'auront pas eu de congé.

Défend très-expreſſément Sa Majeſté auxdits Officiers, Gendarmes, Chevaux-légers, Cavaliers, Carabiniers, Huſſards & Dragons, d'exiger des Gardes-magaſins & Entrepreneurs de la fourniture des fourrages, une plus grande quantité de rations que celle marquée ci-deſſus; & auxdits Officiers, ſoit de Gendarmerie, ſoit de Cavalerie, de Carabiniers, de Huſſards & de Dragons, de rien diminuer ſur les rations ci-deſſus ordonnées pour la ſubſiſtance du cheval du Gendarme, Chevau-léger, Cavalier, Carabinier, Huſſard & Dragon, pour le donner à leurs chevaux, ou pour le convertir en argent; à peine auxdits Officiers d'être caſſés & privés de leurs charges, & aux Gendarmes, Chevaux-légers, Cavaliers, Carabiniers, Huſſards & Dragons, de la vie.

Défend auſſi Sa Majeſté aux Gardes-magaſins & Entrepreneurs, de convertir aucune deſdites rations de fourrage en argent, à moins que leſdits Gardes-magaſins & Entrepreneurs n'en aient ordre par écrit des Intendans, à peine de la vie; & aux Officiers, Gendarmes, Chevaux-légers, Cavaliers, Carabiniers, Huſſards & Dragons, d'entrer avec eux en aucune compoſition là-deſſus, à peine aux Officiers d'être caſſés, & aux Gendarmes, Chevaux-légers, Cavaliers, Carabiniers, Huſſards & Dragons, des galères.

Fait en outre Sa Majeſté très-expreſſes défenſes auxdits Officiers, Gendarmes, Chevaux-légers, Cavaliers, Carabiniers, Huſſards & Dragons, de vendre aucun fourrage, & aux habitans des villes & lieux où ils feront logés, & des environs, d'en acheter d'eux, ſur les mêmes peines auxdits Officiers, d'être caſſés; & aux Gendarmes, Chevaux-légers, Cavaliers, Carabiniers, Huſſards & Dragons, des galères; & ſur peine auxdits habitans, de trois cens livres d'amende. Ordonne Sa Majeſté aux Commiſſaires des guerres, employés à la police de ſes troupes, de délivrer auxdits Gardes-magaſins ou Entrepreneurs, des extraits des revûes qu'ils en feront; & auxdits Gardes-magaſins & Entrepreneurs, de ne fournir de fourrage à chaque compagnie, que ſur le pied qu'ils verront par leſdits extraits qu'elle aura paſſé à la revûe qui en aura été faite, & qu'il n'en ſoit fourni à aucun des Officiers qui ne ſeront point compris pour préſens dans leſdits extraits, ſur leſquels ils compteront des fournitures qu'ils auront faites; ſe conformant à ce qui eſt dit ci-deſſus pour les Officiers qui ſeront abſens par ſemeſtre, ſur des congés de Sa Majeſté, ou qui obtiendront des reliefs, aux équipages deſquels il ſera fourni du fourrage, comme il eſt ci-deſſus ordonné.

USTENSILE.

LES troupes qui ſervent dans les armées, continueront de recevoir l'uſtenſile pendant le quartier d'hiver, ſur le pied réglé ci-après, en vertu des ordres particuliers que Sa Majeſté en fera expédier, ſavoir;

Uſtenſile de l'Infanterie françoiſe.

Compagnies.

Chaque compagnie d'Infanterie françoiſe, à raiſon de douze cens livres pour l'uſtenſile entier, & de ſix cens livres pour celles qui n'auront que le demi-uſtenſile, ſur quoi il ſera retenu aux compagnies qui recevront douze cens livres, ſavoir, quatre-vingt-dix livres pour l'uſtenſile du Lieutenant; ſoixante livres pour chaque Sous-lieutenant & Enſeigne, & quinze livres pour l'Aide-major du bataillon; & par rapport à la retenue qui ſera pareillement faite ſur les compagnies qui n'auront que les ſix cens livres de demi-uſtenſile, elle ſera de quarante-cinq livres pour chaque Lieutenant, de trente livres pour chaque Sous-lieutenant & Enſeigne, & de ſept livres dix ſols pour l'Aide-major du bataillon; le reſtant à chaque compagnie, à la réſerve de cent cinquante livres dont il ſera parlé ci-après, fera payé au Capitaine pour rendre fa compagnie complète, en état de bien fervir, & fournir des tentes à fes Soldats pendant la campagne fuivante.

A l'égard des compagnies des autres corps d'Infanterie qui auront l'uftenfile, & dont la compofition eft différente, cet uftenfile fera réglé, en proportion de celui ci-deffus de l'Infanterie françoife, par les états que Sa Majefté en fera expédier.

Uftenfile des Officiers de l'État-major des régimens.

Les Colonels, Lieutenans-colonels & Commandans de bataillon n'ayant plus de compagnie, tant de l'Infanterie françoife, que des autres troupes qui auront l'uftenfile, Sa Majefté voulant bien avoir égard aux dépenfes indifpenfables & particulières qu'ils feront pendant la campagne, Elle ordonne qu'il leur foit payé, à titre d'uftenfile, favoir, à chaque Colonel, ou Colonel en fecond, fix cens livres; à chaque Lieutenant-colonel, quatre cens livres; à chaque Commandant de bataillon, fans compagnie, trois cens livres; & quatre cens cinquante livres au Major: Et lorfque les régimens auxquels ces Officiers font attachés, ne recevront que le demi-uftenfile, il ne leur fera payé que la moitié du traitement ci-deffus réglé.

Retenue fur l'uftenfile des Officiers des compagnies d'Infanterie.

Comme il eft de règle de tous les temps, pendant la guerre, de faire retenir par le Tréforier général de l'Extraordinaire des guerres, fur l'uftenfile des Capitaines des troupes d'Infanterie, une fomme de cent cinquante livres, pour leur être confervée & délivrée pendant la campagne fuivante, cette fomme de cent cinquante livres leur fera payée à l'armée, à raifon de vingt-cinq livres par mois, pendant les mois de mai, juin, juillet, août, feptembre & octobre.

Et à l'égard de ce que les Lieutenans, Sous-lieutenans & Enfeignes doivent toucher dans l'uftenfile des compagnies où ils font attachés, comme il eft détaillé ci-deffus, ils en feront payés par égale portion, dans chacun des mois de mai, juin, juillet, août, feptembre & octobre.

Il fera pareillement retenu cent cinquante livres fur l'uftenfile de chacun des Colonel, Lieutenant-colonel, Commandant de bataillon & Major de l'Infanterie, &

quatre-vingt-dix livres ſur l'uſtenſile des Aides-majors, qui leur ſeront payés auſſi par égale portion pendant les mois de campagne.

Officiers réformés d'Infanterie.

Les Officiers réformés d'Infanterie avec appointemens, qui ſerviront à la ſuite desdits régimens pendant la campagne, recevront l'uſtenſile ſur le pied, ſavoir, de deux cens ſoixante-dix livres à chaque Colonel, cent quatre-vingt livres à chaque Lieutenant-colonel, quatre-vingt-dix livres à chaque Capitaine, & trente livres à chaque Lieutenant.

USTENSILE DE LA GENDARMERIE.

GENDARMERIE. Dix compagnies de Gendarmes.

CHACUNE des dix compagnies de Gendarmes de la Gendarmerie, qui auront ſervi la campagne, recevra pendant les cent cinquante jours du quartier d'hiver ſuivant, quatre-vingt-neuf places d'uſtenſile par jour, leſquelles ſeront diſtribuées, (les grands Officiers n'en devant point avoir) ſavoir, trois places à chacun des quatre Maréchaux-des-logis qu'il y a en chaque compagnie, dont une de ſupplément; & les ſoixante-dix-ſept autres places ſeront pour les deux Brigadiers, les deux Sous-brigadiers, le Porte-étendard, les ſoixante-dix Gendarmes & les deux Trompettes.

Six compagnies de Chevaux-légers.

Chacune des ſix compagnies de Chevaux-légers de la Gendarmerie, recevra auſſi, pendant leſdits cent cinquante jours, cent neuf places d'uſtenſile par jour, le Capitaine-lieutenant en ayant dix; le Sous-lieutenant, quatre; chacun des premier & ſecond Cornette, trois; chacun des quatre Maréchaux-des-logis, deux places, & une de ſupplément à chacun desdits Maréchaux-des-logis; & les ſoixante-dix-ſept autres places ſeront pour les deux Brigadiers, les deux Sous-brigadiers, le Porte-étendard, les ſoixante-dix Chevaux-légers & les deux Trompettes.

Timbaliers de la Gendarmerie.

Les huit Timbaliers qui ſervent dans les ſeize compagnies de ladite Gendarmerie, à raiſon d'un pour deux compagnies, recevront, auſſi par jour, une place d'uſtenſile pendant leſdits cent cinquante jours.

CAVALERIE FRANÇOISE ET ÉTRANGÉRE, CARABINIERS, HUSSARDS & DRAGONS.

CHAQUE compagnie des régimens de Cavalerie françoise & étrangère, de Carabiniers, de Hussards & de Dragons, qui serviront dans les armées, recevra l'ustensile pendant les cent cinquante jours du quartier d'hiver, sur le pied par jour, de huit places au Capitaine, dont deux de supplément; six places à chaque Lieutenant, dont deux de supplément; six places au Sous-lieutenant qui est dans chacune des compagnies Colonelle du Colonel général de la Cavalerie, & du Colonel général des Dragons, dont deux de supplément; quatre places à chaque Cornette, dont une de supplément; trois à chaque Maréchal-des-logis, dont une de supplément; & une à chaque Brigadier, Cavalier, Carabinier, Volontaire, Hussard, Dragon, Trompette, Timbalier & Tambour, conformément aux états que Sa Majesté en fera expédier: observant que ces places attribuées aux Gendarmes & Chevaux-légers de la Gendarmerie, aux Cavaliers, Carabiniers, Hussards, Dragons, Trompettes, Timbaliers & Tambours, doivent être payées au Capitaine, pour être employées au rétablissement & entretenement de sa compagnie, & la mettre en état de servir en campagne, à la réserve de deux sols par place de Gendarme, Chevau-léger, Cavalier, Carabinier, Hussard, Dragon, Trompette, Timbalier & Tambour pendant les cent cinquante jours du quartier d'hiver, qui doivent être retenus par le Trésorier général de l'Extraordinaire des guerres, pour être par lui remis au Major ou Aide-major, pour leur être délivré pendant la campagne suivante, ainsi qu'il sera dit ci-après. *CAVALERIE & DRAGONS. Compagnies.*

Et pour chaque État-major de Cavalerie, Carabiniers, Hussards & Dragons, il sera payé six places d'ustensile par jour, à chacun des Mestres-de-camp à qui Sa Majesté a conservé les compagnies, ainsi qu'à chaque chef de brigade de Royal-des-Carabiniers, outre les places qu'ils *États-majors.*

reçoivent comme Capitaine; quatre places à chaque Lieutenant-colonel des brigades dudit régiment Royal-des-Carabiniers, & des régimens Royal-Allemand, Wirtemberg & de Nassau-Saarbruck, auxquels Sa Majesté a pareillement conservé les compagnies, indépendamment des places qui leur sont attribuées comme Capitaine; douze places à chaque Mestre-de-camp sans compagnie, dix places à chaque Lieutenant-colonel, aussi sans compagnie; huit places au Lieutenant-colonel en second, qui est en chacun des trois régimens de Hussards; six places à chaque Major, quatre à chaque Aide-major, même au second Aide-major de Dragons; une place à chacun des Aumônier & Chirurgien dans la Cavalerie, & une place à l'Aumônier dans les Dragons.

ROYAL-ALLEMAND. Prevôté.

Deux places au Maréchal-des-logis de l'État-major du régiment Royal-Allemand, deux au Prevôt, une à son Lieutenant, & une à chacun des Greffier, quatre Archers & un Exécuteur.

WIRTEMBERG. Prevôté.

Une place à l'Auditeur dans l'État-major du régiment de Wirtemberg, & une à chacun des Greffier, trois Archers & un Exécuteur.

VOLONTAIRES de NASSAU-SAARBRUCK. Prevôté.

Et deux places au Prevôt qui est dans l'État-major du régiment des Volontaires de Nassau-Saarbruck.

Officiers réformés de Cavalerie & de Dragons.

A l'égard des Officiers réformés à la suite des régimens de Cavalerie françoise & étrangère, de Hussards & de Dragons, qui y serviront la campagne, Sa Majesté ordonne que l'ustensile leur soit payé pendant les cent cinquante jours du quartier d'hiver suivant, sur le pied de six places par jour à chaque Mestre-de-camp, cinq à chaque Lieutenant-colonel, quatre à chaque Capitaine, & deux à chaque Lieutenant.

Prix des places d'ustensile.

VEUT Sa Majesté que les places de l'ustensile personnel des Officiers des troupes de la Gendarmerie, Cavalerie, Carabiniers, Hussards & de Dragons, leur soient payées ainsi qu'il est expliqué ci-après, sur le pied de douze sols chacune pour l'ustensile entier, & de six sols pour le demi-ustensile; & de onze sols par place de Gendarme,

Chevau-léger, Cavalier, Carabinier, Huſſard & Dragon; pour les compagnies qui auront l'uſtenſile entier; & cinq ſols ſix deniers pour celles qui n'auront que le demi-uſtenſile: ſur chacune deſquelles places de onze ſols d'uſtenſile entier, & de cinq ſols ſix deniers de demi-uſtenſile, le Tréſorier général de l'Extraordinaire des guerres retiendra en ſes mains deux ſols par jour pendant les cent cinquante jours du quartier d'hiver, qui feront la ſomme de quinze livres pour chaque Brigadier, Sous-brigadier, Gendarme, Chevau-léger, Cavalier, Carabinier, Huſſard, Dragon, Trompette, Timbalier & Tambour; laquelle retenue ſera remiſe au commencement & pendant la campagne au Major, ou en ſon abſence à l'Aide-major de chaque corps, qui la délivrera manuellement à chaque Brigadier, Sous-brigadier, Gendarme, Chevau-léger, Cavalier, Carabinier, Huſſard, Dragon, Trompette, Timbalier & Tambour, en cinq payemens égaux d'un écu de ſoixante ſols chacun, aux 10 des mois de juin, juillet, août, ſeptembre & octobre de ladite campagne; au moyen de quoi, le Capitaine qui recevra l'uſtenſile entier ne touchera que neuf ſols par place de ſa troupe; & celui qui n'aura que le demi-uſtenſile, trois ſols ſix deniers auſſi par place.

Retenue pour l'écu de campagne.

Diſtribution de l'écu de campagne.

Au moyen deſquels payemens ci-deſſus de l'écu de campagne & du ſurplus de l'uſtenſile, leſdits Cavaliers, Carabiniers, Huſſards & Dragons ſeront obligés de s'entretenir de linge, culotte, bas & ſouliers, & d'entretenir leurs chevaux de ferrage, de tenir leurs armes nettes & d'y faire les menues réparations, en ſorte qu'elles ſoient en bon état. Entend Sa Majeſté que ſi ces armes venoient à être en un état à ne pouvoir plus ſervir, ſans que ce ſoit par la faute du Cavalier ou du Dragon, & qu'il ſoit néceſſaire de les changer, le Capitaine en faſſe la dépenſe; & qu'au ſurplus chaque Capitaine entretienne chaque Carabinier, Cavalier, Huſſard & Dragon, de cheval, houſſe, ſelle, harnois, bride, habillement, manteau, chapeau, bottes & armes.

Règlement pour le payement de l'ustensile pendant l'hiver & la campagne.

Sa Majesté ayant réglé que le payement de l'ustensile personnel des Officiers de la Gendarmerie & des régimens de Cavalerie, Carabiniers, Hussards & Dragons, sera fait, en plus grande partie, pendant le quartier d'hiver, & le restant pendant la campagne, Elle ordonne que la distribution de ce payement sera exécutée de la manière expliquée, savoir:

GENDARMERIE, COMPAGNIE DE CHEVAUX-LÉGERS.

Le Capitaine-lieutenant qui a dix places d'ustensile, en recevra huit pendant les cinq mois d'hiver, & deux pendant les six mois de campagne, à raison de trente livres par mois.

Le Sous-lieutenant qui a quatre places, en recevra trois pendant l'hiver, & une pendant la campagne, à raison de quinze livres par mois.

Le Cornette qui a trois places, en recevra deux pendant l'hiver, & une pendant la campagne, à raison de quinze livres par mois.

Le Maréchal-des-logis qui a trois places, en recevra deux & demie pendant l'hiver, & une demie pendant la campagne, à raison de sept livres dix sols par mois.

L'ustensile des Maréchaux-des-logis des compagnies de Gendarmes, sera payé sur le même pied de ceux des compagnies de Chevaux-légers.

CAVALERIE FRANÇOISE ET ÉTRANGÉRE, CARABINIERS, HUSSARDS ET DRAGONS.

Compagnies.

Le Capitaine qui a huit places d'ustensile, en recevra six pendant les cent cinquante jours du quartier d'hiver, & deux pendant la campagne, à raison de trente livres par mois.

Le Lieutenant qui a six places, en recevra quatre pendant l'hiver, & deux en campagne, à raison de quinze livres par mois.

Le Cornette qui a quatre places, en recevra trois pendant

pendant l'hiver, & une en campagne, à raiſon de quinze livres par mois.

Le Maréchal-des-logis qui a trois places, en recevra deux & demie pendant l'hiver, & une demie en campagne, à raiſon de ſept livres dix ſols par mois.

ÉTAT-MAJOR DES RÉGIMENS DE CAVALERIE FRANÇOISE ET ÉTRANGÈRE, DE CARABINIERS, HUSSARDS ET DRAGONS.

LE Meſtre-de-camp qui a conſervé ſa compagnie, & qui jouit de ſix places d'uſtenſile en ladite qualité de Meſtre-de-camp, indépendamment de celles qui lui ſont attribuées comme Capitaine, recevra les ſix places d'uſtenſile pendant les cinq mois d'hiver.

Le Meſtre-de-camp ſans compagnie, & qui jouit de douze places d'uſtenſile, recevra dix places en hiver, & deux en campagne, à raiſon de trente livres par mois.

Le Lieutenant-colonel ſans compagnie, qui a dix places d'uſtenſile, recevra huit places pendant l'hiver, & deux en campagne, à raiſon de trente livres par mois.

Le Lieutenant-colonel qui a conſervé ſa compagnie, & qui a quatre places d'uſtenſile, indépendamment de celles qui lui ſont attribuées comme Capitaine, recevra ces quatre places pendant l'hiver.

Le Major qui a ſix places, en recevra quatre pendant l'hiver, & deux en campagne, à raiſon de trente livres par mois.

L'Aide-major qui a quatre places, en recevra trois pendant l'hiver, & une en campagne, à raiſon de quinze livres par mois.

A l'égard des Officiers réformés, tant d'Infanterie que de Cavalerie, Huſſards & Dragons, & des Aumôniers, Chirurgiens & Prevôté, ils recevront pareillement une partie de leur uſtenſile pendant l'hiver, & le reſtant en campagne, ainſi qu'il ſera expliqué par l'Ordonnance de ſolde de campagne.

Quant aux Troupes légères, tant d'Infanterie que de Cavalerie, elles continueront de recevoir, comme par le passé, la totalité de leur ustensile pendant l'hiver, même les places d'augmentation dont elles doivent jouir comme les Troupes à cheval.

Retenue sur l'ustensile pour le non-complet des compagnies.

Au moyen des payemens qui seront ainsi faits aux troupes d'Infanterie, de Cavalerie, de Carabiniers, de Hussards & de Dragons, les Officiers seront obligés de les mettre en état de servir dans le courant des mois de mai & juin prochains; & Sa Majesté ordonne qu'il soit retenu cent cinquante livres sur l'ustensile des Capitaines de Fusiliers, dont les compagnies passeront au nombre ci-après à la revûe qui sera faite pour ces deux mois, savoir;

Infanterie.

Celles des bataillons d'Infanterie françoise, à trente-quatre hommes & au dessous.

Celles des six bataillons du régiment Royal-Artillerie, à quarante-deux hommes & au dessous.

Celles de Mineurs, à cinquante hommes & au dessous.

Celles d'Ouvriers, à trente-quatre hommes & au dessous.

De laquelle retenue lesdits Capitaines ne pourront avoir la main-levée par les Inspecteurs ou ceux qui pourront être commis pour en faire les fonctions en leur absence, qu'après que leurs compagnies auront passé à la revûe des Commissaires des guerres, des mois de juillet & août, savoir;

Celles des bataillons d'Infanterie françoise, à trente-huit, trente-neuf ou quarante hommes.

Celles des six bataillons du régiment Royal-Artillerie, de quarante-huit à cinquante hommes.

Celles de Mineurs, de cinquante-sept à soixante hommes.

Celles d'Ouvriers, de trente-huit à quarante hommes.

Cavalerie, Carabiniers, Hussards & Dragons.

Veut aussi Sa Majesté qu'au moyen desdits payemens, les Officiers de ses troupes de Cavalerie, de Carabiniers, de Hussards & de Dragons, soient obligés de même de les mettre en état de servir dans le courant des mois de mai & juin prochains; & que s'il arrive qu'une compagnie ne se trouve pas complète, montée, armée & équipée comme il convient, à la revûe qui en sera faite pour lesdits deux mois, par les Commissaires ordinaires des guerres, avec les Inspecteurs généraux où il s'en trouvera, il soit retenu un mois d'ustensile, tant des places attribuées à la personne du Capitaine, que celles des Cavaliers, Carabiniers, Hussards & Dragons, en ce non compris l'écu de campagne qui doit être toûjours distribué aux Cavaliers, Carabiniers, Hussards & Dragons, sans pouvoir être retenu sous quelque prétexte que ce soit; de laquelle retenue il ne pourra avoir la main-levée par les Inspecteurs ou ceux qui pourront être commis pour en faire les fonctions en leur absence, qu'après la revûe du Commissaire des guerres, des mois de juillet & août suivans, & que sa compagnie y aura passé complète d'hommes & de chevaux, & en état de bien servir.

Ordonne Sa Majesté aux Commissaires des guerres qui seront chargés de la police de ses Troupes, qu'après qu'ils auront fait leurs revûes de mai & juin, avec les Inspecteurs généraux où il s'en trouvera, ils aient à informer aussi-tôt les Intendans dans les départemens desquels ils seront, des compagnies qui à cette revûe ne se trouveront pas complètes & en bon état, afin qu'ils fassent faire les retenues sur l'ustensile, ainsi qu'il est expliqué dans les deux articles précédens, aux Capitaines d'Infanterie, de Cavalerie, de Carabiniers, de Hussards & de Dragons: Entend aussi Sa Majesté que lesdits Commissaires des guerres & Inspecteurs généraux où il s'en trouvera, déclarent en même temps de sa part aux Capitaines, que ceux qui à la revûe qui se fera des Troupes pour les mois de juillet & août, n'auront pas leur compagnie complète & de tout point en état de servir, telle raison qu'ils puissent avoir, seront cassés & mis en prison, jusqu'à ce qu'ils aient restitué tout ce qu'ils auront reçû d'ustensile pendant l'hiver, sans avoir égard aux dépenses qu'ils auront faites à leur compagnie:

Déclarant Sa Majeſté aux Colonels, Meſtres-de-camp & Lieutenans-colonels des régimens dans leſquels il ſe trouvera de mauvaiſes compagnies, qu'Elle les en rendra reſponſables en leur nom, comme ayant négligé de prendre le ſoin qu'ils doivent avoir que les Capitaines travaillent utilement à leur rétabliſſement.

XVII.

DÉCOMPTE DES TROUPES d'Infanterie en marche ; & Supplément de ſolde en route.

SA MAJESTÉ voulant accélérer le payement du décompte accordé ci-devant à quelques-unes de ſes Troupes lorſqu'elles marchent par étape, ſon intention eſt, qu'à leur arrivée aux lieux de leur deſtination, ledit décompte leur ſoit fait ſur le pied du traitement réglé ci-après.

Colonels & Commandans de bataillons. Meſtres de-camp de Cavalerie, Huſſards & Dragons.

Les Colonels & Commandans de bataillons d'Infanterie françoiſe, les Meſtres-de-camp de Cavalerie, de Huſſards & de Dragons, n'ayant plus de compagnie, continueront à recevoir l'étape ſur le même pied, & pour le même nombre de rations qu'ils avoient précédemment, tant en leurſdites qualités qu'en celle de Capitaines.

Lieutenans-colonels d'Infanterie & Cavalerie Françoiſe, Huſſards & Dragons.

Les Lieutenans-colonels des régimens d'Infanterie & Cavalerie françoiſe, celui de Filtzjames, ceux de Huſſards & de Dragons, qui n'ont point de compagnie, ſeront payés de leurs appointemens pendant le temps de la route, & ne ſeront point aſſujétis à recevoir l'étape ; mais dans le cas qu'ils voudroient en prendre, ils la payeront à l'Étapier ſur le pied du prix réglé par ſon marché, en obſervant de ne point excéder les quantités qui leur ont été réglées par l'ordonnance du 13 juillet 1727, tant en qualité de Lieutenans-colonels que de Capitaines.

Bataillons du Corps royal de l'Artillerie & du Génie.

Les bataillons du Corps royal de l'Artillerie & du Génie n'auront point de ſolde pendant le temps qu'ils ſeront en route & recevront l'étape ; il leur ſera ſeulement donné le ſupplément de ſolde ci-après.

A chaque

	l.	s.	d.
A chaque Capitaine en pied, trois livres dix-neuf sols six deniers par jour	3.l	19.s	6.d
A chaque Capitaine en second, dix sols	0.	10.	0.
A chaque Lieutenant en pied, quinze sols	0.	15.	0.
A chaque Lieutenant en second, dix sols	0.	10.	0.
A chaque Sous-lieutenant, huit sols	0.	8.	0.
A chaque Sergent, huit sols six deniers	0.	8.	6.
A chaque Caporal, six sols	0.	6.	0.
A chaque Anspessade, quatre sols	0.	4.	0.
A chacun des premiers Sappeurs, Canonniers, Bombardiers & Tambours, trois sols	0.	3.	0.
A chacun des autres Sappeurs, seconds Canonniers & seconds Bombardiers, un sol six deniers.	0.	1.	6.
A chacun des autres Canonniers-Bombardiers, six deniers	0.	0.	6.
A chacun des premiers Artificiers-Bombardiers, six sols six deniers	0.	6.	6.
A chacun des seconds Artificiers-Bombardiers, quatre sols six deniers	0.	4.	6.
A chacun des autres Artificiers-Bombardiers, trois sols six deniers	0.	3.	6.
Au Colonel-commandant n'ayant pas de compagnie, onze livres par jour pour son supplément de solde, tant en ladite qualité, que pour lui tenir lieu de celle de Capitaine	11.	0.	0.
Au Lieutenant-colonel n'ayant plus de compagnie, six livres, tant en ladite qualité, que pour lui tenir lieu de celle de Capitaine	6.	0.	0.
Au Major, cinq livres seize sols sept deniers . . .	5.	16.	7.
A l'Aide-major, quatre livres deux sols deux deniers	4.	2.	2.
Au Sous-aide-major, quinze sols	0.	15.	0.

État-major des bataillons du Corps royal de l'Artillerie & du Génie.

Mineurs & Ouvriers.

Les compagnies de Mineurs & d'Ouvriers, n'auront pareillement pas de solde pendant le temps qu'elles seront en route & recevront l'étape, il leur sera seulement donné le supplément de solde ci-après, savoir :

		l.	s.	d.
Mineurs.	A chaque Capitaine en pied des compagnies de Mineurs, trois livres par jour	3.	0.	0.
	A chaque Capitaine en second, dix sols	0.	10.	0.
	A chaque Lieutenant en premier, quinze sols . .	0.	15.	0.
	A chaque Lieutenant en second, dix sols	0.	10.	0.
	A chaque Sous-lieutenant, huit sols	0.	8.	0.
	A chaque Sergent, huit sols six deniers	0.	8.	6.
	A chaque Caporal, six sols	0.	6.	0.
	A chaque Anspessade, quatre sols	0.	4.	0.
	A chaque Mineur, quatre sols	0.	4.	0.
	A chaque Apprentif, six deniers.	0.	0.	6.
	A chaque Tambour, trois sols	0.	3.	0.
Ouvriers.	A chaque Capitaine des compagnies d'Ouvriers, trois livres par jour	3.	0.	0.
	A chaque premier Lieutenant, dix sols	0.	10.	0.
	A chaque Lieutenant en second, neuf sols . . .	0.	9.	0.
	A chaque Sous-lieutenant, huit sols six deniers . .	0.	8.	6.
	A chaque Maître-ouvrier, huit sols	0.	8.	0.
	A chaque Sous-maître-ouvrier, neuf sols six deniers	0.	9.	6.
	A chaque Ouvrier, huit sols six deniers	0.	8.	6.
	A chaque Apprentif & Tambour, trois sols six deniers	0.	3.	6.

Décompte du linge & chaussure. Entend Sa Majesté que le décompte du linge & chaussure, sur le pied d'un sol par jour à chaque Sergent & Maître-ouvrier, & de six deniers à chaque Haute-paye, Soldat & Tambour des bataillons du Corps royal de l'Artillerie & du Génie, ainsi qu'aux compagnies de Mineurs & d'Ouvriers, leur soit fait, comme ci-devant, par le Commis du Trésorier général du Corps royal de l'Artillerie & du Génie, sur ce qui leur reviendra de ce supplément de solde en route, pour le temps que ces troupes auront été en marche.

Suisses & Grisons. Sa Majesté voulant bien permettre aux régimens Suisses & Grisons, y compris celui d'Eptingen, de nouvelle levée, de recevoir l'étape en route, son intention est; que dans le cas où ces régimens la prendront, elle leur soit précomptée sur leur solde à leur arrivée aux lieux de leur destination, par le Commis de l'Extraordinaire des guerres, sur le pied, savoir:

A chaque Capitaine en pied, trois livres huit sols par jour	3.ˡ	8.ˢ	0.ᵈ
A chaque Capitaine-lieutenant, une livre dix sols.	1.	10.	0.
A chaque Lieutenant, une livre cinq sols	1.	5.	0.
A chaque Sous-lieutenant & Enseigne, une livre.	1.	0.	0.
A chaque Sergent, dix sols	0.	10.	0.
A chaque Soldat, cinq sols	0.	5.	0.

État-major.

Les Officiers de l'État-major de chacun des régimens Suisses & Grisons, seront payés pendant le temps de la route, de leurs appointemens, s'ils n'ont point pris d'étape, à raison de mille livres par mois en temps de paix, & de dix-neuf cens soixante livres huit sols lorsqu'ils seront à la paye de guerre; & dans le cas qu'ils l'auront reçûe, ils la payeront à l'Étapier sur le pied du prix réglé par son marché.

Infanterie Allemande.

Jouiront du même avantage les régimens allemands d'Alsace, Bentheim, la Marck, Royal-Suédois, Royal-Bavière, Lowendal, Bergh, Nassau-Wzingen, Nassau-Saarbruck, la Dauphine, Saint-Germain, Royal-Pologne, & ceux de Boüillon, Royal-deux-Ponts, Vierzet & Horion, levés sur le pied des six derniers régimens Allemands, auxquels il sera pareillement permis pendant le temps qu'ils seront en route, de prendre l'étape; & dans le cas où ces régimens la recevront, elle leur sera précomptée sur leur solde à leur arrivée aux lieux de leur destination, par le Commis de l'Extraordinaire des guerres, sur le pied, savoir:

A chaque Capitaine en pied, trois livres par jour.	3.ˡ	0.ˢ	0.ᵈ
A chaque Capitaine en second, une livre dix sols.	1.	10.	0.
A chaque premier & second Lieutenant, une livre.	1.	0.	0.

A chaque Lieutenant en second ou Enseigne, quinze sols	0.l 15.s 0.d
A chaque Sergent, dix sols	0. 10. 0.
A chaque Soldat, cinq sols	0. 5. 0.

État-major des six premiers régimens Allemands.

Sera aussi permis aux Officiers de l'État-major de chacun des régimens Allemands d'Alsace, Bentheim, la Marck, Royal-Suédois, Royal-Bavière & Lowendal, de recevoir l'étape en route; & dans le cas qu'ils la prendront, elle leur sera précomptée sur leurs appointemens, sur le pied, savoir:

A chaque Colonel, trois livres six sols huit deniers par jour	3.l 6.s 8.d
A chaque Lieutenant-colonel, une livre	1. 0. 0.
A chaque Major, trois livres six sols huit deniers.	3. 6. 8.
A chaque Aide-major, une livre dix sols	1. 10. 0.
A chacun des Aumônier, Chirurgien-major, Auditeur & Prevôt, une livre	1. 0. 0.
A chaque Greffier, dix sols	0. 10. 0.
A chacun des Tambour-major, Archers & Exécuteur de Justice, cinq sols	0. 5. 0.

État-major des derniers régimens Allemands.

Auront pareillement la liberté les Officiers de l'État-major de chacun des autres régimens allemands de Bergh, Nassau-Wzingen, Nassau-Saarbruck, la Dauphine, Saint-Germain, Royal-Pologne, Boüillon, Royal-deux-Ponts, Vierzet & Horion, de recevoir pendant la marche de ces régimens, l'étape; & dans le cas qu'ils la prendront, elle sera précomptée sur leurs appointemens, sur le pied, savoir:

A chaque Colonel, trois livres six sols huit deniers par jour	3.l 6.s 8.d
Au Colonel en second du régiment de Boüillon, deux livres	2. 0. 0.
A chaque Lieutenant-colonel, une livre	1. 0. 0.
Au Major, trois livres six sols huit deniers	3. 6. 8.
A l'Aide-major, une livre dix sols	1. 10. 0.

Les

Royal-Italien & Royal-Corſe.

Les régimens Royal-Italien & Royal-Corſe, n'auront point de ſolde pendant le temps qu'ils ſeront en route & recevront l'étape; il leur ſera ſeulement donné le ſupplément de ſolde, ſur le pied, ſavoir:

		l.	ſ.	d.
Compagnies de Grenadiers.	A chaque Capitaine de Grenadiers des régimens de Royal-Italien & Royal-Corſe, deux livres par jour	2.[l]	0.[ſ]	0.[d]
	A chaque Lieutenant, une livre un ſol quatre deniers	1.	1.	4.
	A chaque Sous-lieutenant, treize ſols quatre deniers.	0.	13.	4.
	A chaque Sergent, cinq ſols	0.	5.	0.
	A chaque Caporal, trois ſols neuf deniers	0.	3.	9.
	A chaque Anſpeſſade & Tambour, trois ſols quatre deniers	0.	3.	4.
	A chaque Grenadier, deux ſols ſix deniers	0.	2.	6.
Compagnies de Fuſiliers.	A chaque Capitaine de Fuſiliers, une livre treize ſols quatre deniers	1.	13.	4.
	A chaque Capitaine en ſecond, dix-huit ſols . .	0.	18.	0.
	A chaque Lieutenant en premier, treize ſols quatre deniers	0.	13.	4.
	Au Lieutenant en ſecond, dix ſols	0.	10.	0.
	A chaque Sergent, quatre ſols huit deniers . . .	0.	4.	8.
	A chaque Caporal, trois ſols ſix deniers	0.	3.	6.
	A chaque Anſpeſſade & Tambour, trois ſols . .	0.	3.	0.
	A chaque Appointé, deux ſols ſix deniers	0.	2.	6.
	A chaque Fuſilier, deux ſols	0.	2.	0.
État-major.	A chaque Colonel, par jour, douze livres	12.	0.	0.
	Au Colonel en ſecond de Royal-Corſe, trois livres dix ſols	3.	10.	0.
	A chaque Lieutenant-colonel, ſix livres.	6.	0.	0.
	A chaque Major, ſept livres	7.	0.	0.
	A chaque Interprète qui ne doit point avoir d'étape, cinq livres	5.	0.	0.
	A chaque Aide-major, une livre.	1.	0.	0.
	A chaque Maréchal-des-logis, dix ſols.	0.	10.	0.

A chaque Aumônier, dix-huit sols huit deniers.	0.[l]	18.[s]	8.[d]
A chaque Chirurgien-major, cinq sols.	0.	5.	0.
A chaque Prevôt, treize sols quatre deniers. . .	0.	13.	4.
A chacun de leurs Lieutenans, dix sols.	0.	10.	0.
A chaque Greffier, quatre sols six deniers. . . .	0.	4.	6.
A chaque Archer & Exécuteur de Justice, deux sols huit deniers.	0.	2.	8.
A chaque Tambour-major, trois sols quatre deniers.	0.	3.	4.

Régimens Irlandois & Écossois. Les régimens d'Infanterie Irlandoise de Bulkeley, Clare, Dillon, Rothe & Berwick, & les deux d'Infanterie Écossoise, de Royal-Écossois & Ogilvy, n'auront point de solde pendant le temps qu'ils seront en marche & recevront l'étape; il leur sera seulement donné le supplément de solde ci-après.

Compagnies de Grenadiers.

A chaque Capitaine de Grenadiers, trois livres dix sols.	3.[l]	10.[s]	0.[d]
A chaque Capitaine en second, seize sols huit deniers.	0.	16.	8.
A chaque Lieutenant en premier, deux livres dix sols.	2.	10.	0.
A chaque Lieutenant en second, dix sols. . . .	0.	10.	0.
A chaque Sergent, quatre sols.	0.	4.	0.
A chaque Caporal, Anspessade, Grenadier & Tambour, trois sols.	0.	3.	0.

Compagnies de Fusiliers.

A chaque Capitaine de Fusiliers, deux livres dix sols.	2.	10.	0.
A chaque Lieutenant en premier, une livre cinq sols.	1.	5.	0.
A chaque Lieutenant en second, dix sols. . . .	0.	10.	0.
A chaque Sergent, quatre sols.	0.	4.	0.
A chaque Caporal, Anspessade, Fusilier & Tambour, trois sols.	0.	3.	0.

État-major des régimens de Bulkeley, Clare & Dillon, & des

Chacun des Colonels des régimens Irlandois de Bulkeley, Clare & Dillon, & ceux de Royal-Écossois & d'Ogilvy, auront, par jour, de supplément de solde en route, douze livres. . . .	12.	0.	0.

Chaque Lieutenant-colonel, trois livres quinze sols.	3.l	15.s	0.d	*régimens Écossois, Royal-Écossois, & Ogilvy.*
Chaque Major, quatre livres trois sols quatre deniers.	4.	3.	4.	
Chaque Interprète qui ne doit point avoir d'étape, cinq livres.	5.	0.	0.	
Chaque Aide-major, une livre six sols huit deniers.	1.	6.	8.	
Chaque Aumônier, une livre dix sols.	1.	10.	0.	
Chaque Chirurgien, une livre.	1.	0.	0.	
Chaque Maréchal-des-logis, dix sols.	0.	10.	0.	
Chaque Capitaine réformé, seize sols huit deniers.	0.	16.	8.	
Chaque Sous-lieutenant, dix sols.	0.	10.	0.	
Chaque Enseigne, une livre un sol.	1.	1.	0.	

Second Interprète du régiment Royal-Écossois.

Il sera aussi payé cinq livres par jour au second Interprète attaché au régiment Royal-Écossois, conformément à l'article III de l'ordonnance du 20 décembre 1748, concernant l'incorporation du régiment d'Albanie; lequel Interprète ne doit point avoir d'étape en route.

État-major des régimens de Rothe & Berwick.

L'État-major de chacun des deux régimens Irlandois de Rothe & Berwick, aura l'étape en route avec le supplément de solde, sur le pied, savoir:

Chaque Colonel, douze livres par jour.	12.l	0.s	0.d
Chaque Lieutenant-colonel, trois livres quinze sols.	3.	15.	0.
Chaque Major, quatre livres trois sols quatre deniers.	4.	3.	4.
Chaque Interprète qui ne doit point avoir d'étape, cinq livres.	5.	0.	0.
Chaque Aide-major, une livre six sols huit deniers.	1.	6.	8.
Chaque Aumônier, une livre dix sols.	1.	10.	0.
Chaque Chirurgien, une livre.	1.	0.	0.
Chaque Maréchal-des-logis & au Prevôt, chacun cinq sols.	0.	5.	0.
Chacun des cinq Archers & à l'Exécuteur de de Justice, chacun un sol.	0.	1.	0.

Compagnies d'Infanterie du régiment des Volontaires d'Alsace, ci-devant Béyerlé.

L'Infanterie des compagnies du régiment des Volontaires d'Alsace, ci-devant Béyerlé, ne sera point assujétie à recevoir l'étape pendant la marche; mais dans le cas qu'elle voudra la prendre, elle sera précomptée sur le pied, savoir;

A chaque Capitaine en pied, trois livres par jour.	3.[l]	0.[s]	0.[d]
A chaque Capitaine en second ou Lieutenant, une livre	1.	0.	0.
A chaque Sergent & Capitaine d'armes, dix sols.	0.	10.	0.
A chaque Soldat, cinq sols	0.	5.	0.

L'Officier-major, ou celui chargé du détail à l'arrivée de la troupe dans le lieu de sa destination, remettra au Commis de l'Extraordinaire des guerres, & celui du Corps de Royal-Artillerie, Mineurs & Ouvriers, au Commis du Trésorier général du Corps royal de l'Artillerie & du Génie, la route en original, pour qu'il puisse former le décompte & en faire le payement, après néanmoins avoir tiré une copie exacte, tant de ladite route sur laquelle la troupe aura marché, que des revûes faites par les Maires & Échevins qui y seront inscrites, & celle du Commissaire des guerres, qui doit être pareillement au dos de ladite route; laquelle copie sera collationnée par un Commissaire des guerres, ou à son défaut par un Subdélégué de l'Intendant : Ordonne au surplus Sa Majesté que le payement du décompte ne soit fait qu'après que ladite copie aura été remise au Trésorier par l'Officier-major ou celui chargé du détail, & ledit Trésorier sera tenu de la faire passer sur le champ au Secrétaire d'État ayant le département de la guerre.

Veut au surplus Sa Majesté que la fourniture des rations d'étape continue d'être délivrée aux troupes dénommées ci-dessus, dans la même composition & quantités de rations réglées par l'ordonnance du 23 juillet 1727, à laquelle Elle ne prétend point déroger à cet égard.

L'Intention de Sa Majesté est que les retenue & supplémens de solde ci-dessus réglés aux troupes d'Infanterie étrangère, continuent d'avoir leur exécution sur le pied qui

qui leur est fixé, & sans que les Officiers desdites troupes puissent rien prétendre à cet égard, à l'occasion de l'augmentation qu'Elle a jugé à propos de leur accorder sur leurs appointemens & autres traitemens.

Quoique la subsistance des Troupes soit payée sur le pied de trente jours également par chaque mois, sans avoir égard au 31 des mois qui en ont ce nombre, ni au 28 ou 29 de février; cependant lorsqu'elles marcheront sur leur solde le trente-unième jour d'un mois, la subsistance leur sera payée pour ledit jour; & si c'est dans le mois de février, elles ne la recevront que pour autant de jours qu'aura ce mois, ainsi qu'il en est usé pour l'étape.

Cette disposition ne doit point avoir lieu pour les Lieutenans-colonels d'Infanterie, Cavalerie, Hussards & Dragons qui doivent recevoir leurs appointemens quoiqu'en route.

X V I I I.

Logement des gens de guerre.

LES troupes d'Infanterie, Gendarmerie, Cavalerie, Carabiniers, Hussards & Dragons qui seront logées chez les habitans des villes & autres lieux, tant de la frontière que de l'intérieur du royaume, n'y auront que le simple couvert, avec des lits garnis de linceuls, & place au feu & à la chandelle de l'hôte, suivant sa commodité.

Défense de faire le faux-saunage.

DÉFEND Sa Majesté aux Officiers, Gardes-du-corps, Gendarmes, Chevaux-légers, Mousquetaires, Cavaliers, Carabiniers, Hussards, Dragons & Soldats, de prendre aucun sel dans les pays étrangers, ou dans ceux de l'obéissance de Sa Majesté où la gabelle n'est point établie, ni de se charger d'aucun tabac ou autres marchandises prohibées, pour transporter, vendre ou débiter, en telle manière que ce puisse être, & à quelque personne que ce soit, dans les provinces du royaume; à peine aux Chefs & Commandans, de répondre sur les payes à eux ordonnées, & sur leurs biens, des dommages qui seroient faits aux fermes générales par ceux étant sous leur charge; & aux Gardes, Gendarmes, Chevaux-légers,

Mouſquetaires, Cavaliers, Carabiniers, Huſſards, Dragons & Soldats, d'être punis ſuivant la rigueur des ordonnances contre les faux-ſauniers. Défend auſſi Sa Majeſté à tous ſes Sujets, de quelque qualité & condition qu'ils ſoient, de commettre le faux-ſaunage, ni d'aſſiſter & favoriſer en quelque ſorte que ce ſoit, les gens de guerre qui le commettront, auſſi ſur les peines des ordonnances.

Défend encore Sa Majeſté auxdits gens de guerre, d'aller, ni d'envoyer couper, abattre, ni prendre aucun bois dans les forêts & buiſſons, à qui que ce ſoit qu'ils appartiennent; d'y chaſſer à la campagne, en quelque lieu que ce puiſſe être; de tirer avec fuſils ni autres armes à feu ſur les pigeons & ſur le gibier, ni pêcher dans les étangs, à peine de punition corporelle: Voulant que les coupables des crimes ci-deſſus ſoient punis par les Prevôts des Maréchaux, & à leur défaut par les Juges ordinaires des lieux, ſelon la rigueur des ordonnances; ſans que les gens de guerre puiſſent auxdits crimes alléguer aucune exception ni privilége, ni les Juges y avoir égard.

MANDE & ordonne Sa Majeſté aux Généraux commandant ſes armées, aux Officiers généraux ayant commandement ſur ſes troupes, aux Gouverneurs & Lieutenans généraux dans ſes provinces, aux Gouverneurs & Commandans de ſes villes & places, aux Inſpecteurs généraux de ſes troupes, aux Intendans de ſes armées, dans ſes provinces & ſur ſes frontières, aux Commiſſaires des guerres, & à tous autres ſes Officiers qu'il appartiendra, de tenir la main à l'exécution de la préſente ordonnance. FAIT à Verſailles, le vingt-cinq février mil ſept cent cinquante-huit. *Signé* LOUIS. *Et plus bas,* R. DE VOYER.

www.ingramcontent.com/pod-product-compliance
Ingram Content Group UK Ltd.
Pitfield, Milton Keynes, MK11 3LW, UK
UKHW020322180726
13839UKWH00002B/522

9 782329 579627